# GIUSTIZIA RIPARATIVA: RIPENSARE LA FUNZIONE GIUDICANTE ATTRAVERSO LA MEDIAZIONE

## PER UNA GIUSTIZIA SENZA POTERE NÉ SANZIONE

## *LOGICHE CULTURALI E DIRITTI*

*collana di sociologia e antropologia giuridica*

La collana ospita studi monografici e collettivi attinenti all'universo dei diritti riconosciuti, rivendicati, violati o negati, propri delle culture nazionali, internazionali ed etniche, nel cui ambito i diritti stessi nascono e si sviluppano. L'elemento fondativo è dato dalla cultura e dalla sfera dei diritti umani, l'una e l'altra intese nei modi più ampi possibili; da ciò, l'esigenza di apertura della collana, supportata da un comitato scientifico di valenza internazionale. Le scelte privilegiate in ambito editoriale sono orientate a studi che si riferiscono, con sguardo attento e critico, alle diversità culturali e alla pluralità degli effetti sociali e giuridici che da queste derivano, toccando discipline quali la sociologia, l'antropologia, il diritto e tutte le scienze umane o forensi a queste collegate, senza trascurare l'ambito processuale, attraverso cui i diritti stessi sono fatti valere. La missione primaria della collana è di valorizzare «il diritto *al* diritto» al pluralismo culturale e giuridico.

# GIUSTIZIA RIPARATIVA: RIPENSARE LA FUNZIONE GIUDICANTE ATTRAVERSO LA MEDIAZIONE

## PER UNA GIUSTIZIA SENZA POTERE NÉ SANZIONE

Nathalie Fournier de Crouy

L'Harmattan Italia
via Degli Artisti 15
10124 Torino

L'Harmattan
5-7 rue de l'École Polytechnique
75005 Paris

*Traduzione dal francese di* ELISA PELIZZARI



ISBN (Italia): 978-88-7892-532-8
ISBN (France): 978-2-336-57593-3

harmattan.italia@gmail.com / www.editions-harmattan.fr

SOMMARIO

*A quanti hanno*
*un'alta idea della Giustizia*

# RINGRAZIAMENTI

Tengo a ringraziare, innanzitutto, i membri dell'IFOMENE (*Institut de Formation à la Médiation et à la Négociation* - Istituto di Formazione alla Mediazione e alla Negoziazione) per la profondità dei loro insegnamenti, l'umanismo e l'umanità che infondono, al di là delle tecniche di mediazione che in futuro donne e gli uomini di pace saranno chiamati ad applicare.

Ringrazio i miei revisori per le critiche costruttive, a volte difficili da accettare, ma che mi hanno permesso di andare il più lontano possibile nella redazione e di meglio assumere la prospettiva che difendo.

Ringrazio L'Harmattan (Paris) e in particolare il pr. Paul Céré per aver accettato di pubblicare la versione originale francese di quest'opera nella collana "Bibliothèques de droit".

Infine, ringrazio mio marito Olivier per tutto ciò che è, per l'amore che proviamo, circondati dalle nostre tre figlie, che mi danno la profonda gioia di essere madre.

# Prefazione

I rapporti di forza fanno parte delle relazioni umane. Alcuni amano dominare, altri preferiscono l'equilibrio. Alcuni amano vincere, altri condividere.

Cooperazione, solidarietà, altruismo e redistribuzione non sono valori spontanei nella nostra società competitiva. Eppure è tempo che la visione del mondo da loro rappresentata si affermi, diventando il principio e non più l'eccezione.

Ciò inizia con relazioni umane strette, qualunque sia il contesto: familiare, di quartiere, professionale, istituzionale, affinché, in ultima analisi, questi valori prevalgano nelle relazioni economiche.

Come? Attraverso la maieutica, la saggezza e la convinzione incrollabile che in ogni persona si celi una bellezza, una capacità di altruismo, una potenziale empatia che il maieutico può far emergere per trasformare una strategia di dominio in un'accettazione della cooperazione, un conflitto distruttivo in una lezione di vita.

La maieutica richiede competenze e capacità interpersonali che si apprendono e si sviluppano per tutta la vita, così come una fede incrollabile nella bellezza umana, nella bellezza del mondo, terreno fertile per la pace e l'energia positiva.

Il presente lavoro è il frutto di una riflessione condotta da una docente universitaria specializzata in diritto dell'economia, che sentito il bisogno di trovare, al di fuori dell'ambito strettamente giuridico, una conoscenza dell'umanità per capire come trasformare l'eccessivo individualismo in altruismo, come trasformare l'autore di un reato lucrativo nell'autore di un'azione altruistica e redistributiva.

È stato durante la formazione presso IFOMENE (*Institut de Formation à la Médiation et à la Négociation* - Istituto di Formazione alla Mediazione e alla Negoziazione) per diventare mediatrice che ho scoperto le "chiavi" capaci di mobilitare il potenziale empatico di ogni essere umano.

Il compito è arduo, ma non impossibile. Tutto ciò che serve è connettere cuore e ragione, mobilitare prima l'intelligenza razionale ed emotiva di sé stessi e poi quella degli altri.

Questo libro si rivolge a giuristi, praticanti legali, attori e promotori della giustizia, ma in particolare a coloro che "giudicano" atti non altruistici. Che possano trovare nelle pagine seguenti una presentazione chiara, semplice e convincente delle "tecniche di ascolto e linguaggio" derivate dal lavoro d'importanti ricercatori in psicologia comportamentale, per consentire loro di vedere oltre le apparenze e di far emergere il meglio di ogni persona.

Senza dubbio alcuni lo stanno già facendo.

Non è forse questa la strada verso un diverso tipo di giustizia, una giustizia meravigliosa?*

# Introduction

"Conosci te stesso"[1]

"La giustizia è una relazione di convenienza che si trova veramente tra due cose"
Ch. de Montesquieu, *Lettres persanes*

"La giustizia è la carità dei saggi"
C. Perelman, *Éthique et droit*

L'impiego di metodi di mediazione e di risoluzione amichevole delle controversie, promossi da alcuni ministri della Giustizia[4] e sostenuti dagli attori della giustizia in Francia, ci porta a fare la seguente osservazione: la giustizia sta diventando plurale e si privatizza.

Sebbene le ragioni di questo movimento culturale a favore della giustizia privata nelle cause civili e commerciali concernenti diritti disponibili risultino note[5], sono le ragioni ontologiche a interessarci.

Tale constatazione c'invita a riesaminare la vocazione, l'essenza e la missione della giustizia. Cos'è la giustizia? Qual è la missione della giustizia umana?

Ci vuole un approccio oggettivo alla "giustizia", da sempre definita in modo concettuale, filosofico, antropologico ed economico. Gli autori e i riferimenti bibliografici su tale nozione sono innumerevoli. La giustizia si connota per un alto valore sociale[6], una virtù, un ideale al quale deve tendere la vita in società, sia nelle relazioni tra gli individui [Emmanuel Kant][7], come nel funzionamento delle istituzioni pubbliche e politiche [John Rawls]. Alcuni autori lo descrivono e lo teorizzano in concetti accademici e astratti, altri lo esprimono attraverso massime concrete, potenti e universali [*Analecta* di Confucio].

La maggior parte dei pensatori della giustizia spiega la duplice necessità di scegliere valori sociali unificanti e di emanare regole concrete per raggiungere un ordine giusto. Sebbene le differenze persistano inevitabilmente da un sistema giuridico all'altro[8], tutte le idee di giustizia convalidate nel tempo si basano sui valori di pace, dignità umana, libertà e uguaglianza tra gli esseri umani, nonché sui principi concreti di non nuocere e di riparazione del danno causato ad altri. E nessuno contesta che il cammino verso la libertà e l'uguaglianza davanti alla legge abbia migliorato la condizione umana e la vita nella società, indipendentemente dal progresso tecnologico. I meccanismi di regolamentazione e redistribuzione – pur rimanendo (e rimarranno sempre) perfettibili – realizzano e perseguono queste idee di giustizia.

Le basi dei valori umanistici sono sancite dalla Dichiarazione Universale dei Diritti dell'Uomo (1948), dalla Convenzione Europea dei Diritti dell'Uomo (1958) e dalla Carta dei Diritti Fondamentali dell'Unione Europea – su cui oggi convergono molte democrazie del mondo, in particolare quelle europee e dell'Unione Europea. Tali documenti riflettono un ideale di giustizia elevato e poco contestato, la cui forza risiede nella sua applicazione sia agli individui che alle istituzioni. La maggior parte delle istituzioni – non solo quelle occidentali – cerca di sostenere principi di giustizia fondamentali come il diritto alla dignità, l'uguaglianza davanti alla legge e la libertà di essere in continua espansione (libertà di espressione, libertà di condurre la vita privata che si desidera, libertà di culto, libertà di pensiero, ecc.). Basta tele-trasportarsi nel tempo e nello spazio per rendersi conto dei progressi nella giustizia sociale che la nostra società sta vivendo. Eppure, le richieste sociali di maggiore giustizia, uguaglianza o ridistribuzione sono sempre più virulente. Come se esistesse un insaziabile sentimento di ingiustizia, un'emozione di ingiustizia intrinseca agli esseri umani.

*Approccio soggettivo alla giustizia: esiste un sentimento d'ingiustizia?*

Esploriamo l'approccio soggettivo alla giustizia. La prima osservazione è chiara: ci sono poche fonti sul "sentimento di giustizia". Ci sono scritti che evocano le passioni del sentimento d'ingiustizia e i suoi eccessi (la vendetta), da qui la necessità di un approccio formale e razionale alla giustizia. Chaim Perelman ha scritto che "la giustizia è la cosa più primitiva nell'animo umano, la più fondamentale nella società, la più sacra delle nozioni, e ciò che le masse chiedono oggi con il massimo ardore"[9]. Esiste certamente una dimensione emotiva o sentimentale che traduce il "sentimento" di giustizia o d'ingiustizia. Ma i testi si concentrano maggiormente sui concetti di giustizia che alimentano il sentimento di giustizia (come la parità di trattamento), e non sul sentimento in un approccio introspettivo. Eppure tutti hanno sperimentato l'ingiustizia, il sentimento d'ingiustizia per sé stessi o per gli altri, nella propria vita. Le notizie geopolitiche, climatiche, sociali ed economiche offrono molte ragioni per provare questo senso di ingiustizia per comunità, individui e popoli vittime di abusi di dominio di ogni forma, armata, economica, psicologica, ecc. Cosa succede dentro gli esseri umani quando provano ingiustizia?

Lise Bourbeau ha teorizzato l'idea di una ferita da ingiustizia, come una delle cinque ferite universali[10]. Si tratta di una delle rare fonti esistenti sull'argomento e che ha il grande merito di esplorare l'interiorità umana del sentimento d'ingiustizia con il supporto di un approccio empirico e analitico. In effetti, il lavoro è il risultato di anni di pratica clinica, di confronto dei risultati con ricercatori di altre discipline e di una sintesi, il che porta a conclusioni oggettive tanto più interessanti perché prive di rigidità. Lise Bourbeau definisce l'ingiustizia come "la mancanza di giustizia" e definisce la giustizia come "l'apprezzamento, il riconoscimento e il rispetto dei diritti e del merito di ciascuno”[11]. Secondo la sua analisi, la ferita da ingiustizia si manifesterebbe quando una persona “non si sente apprezzata al suo vero valore, non si sente rispettata o non crede di ricevere ciò che merita”. Non ricevere ciò che si merita, non sentirsi rispettati nella propria integrità come esseri umani: non è forse questa una definizione interessante del sentimento di ingiustizia?

### *Sperimentare il sentimento d'ingiustizia*

Per cogliere nella sua ampiezza tale sentimento, abbiamo intervistato un gruppo di venti studenti di età compresa tra i 18 e i 20 anni sulla loro esperienza. La domanda era: “Quando hai provato un senso d'ingiustizia e qual è stata la causa?”. Abbiamo specificato che il sentimento poteva riguardare anche qualcun altro[12].

Ecco alcune situazioni citate dagli studenti durante questo esercizio: assistere a un atto di violenza gratuito subito da una persona innocente durante una partita di calcio; non superare l'esame di guida per un punto senza spiegazioni, con il sospetto di sessismo; ricevere un risultato o una valutazione da un insegnante che non rifletteva l'impegno profuso; vedere una persona cara esclusa da un processo di reclutamento per (sospetti) motivi discriminatori; non avere accesso al piano pasti universitario da 1 euro a causa della mancanza d'idoneità alla borsa di studio; vivere il disagio dei propri cari vittime di violenza perpetrata da un gruppo di individui o dalle autorità pubbliche in un paese in cui si hanno legami familiari; assistere alla fame nel mondo e alla violenza contro donne e bambini [...].

È interessante notare che il sentimento d'ingiustizia può essere sperimentato per sé stessi o per gli altri, attraverso l'empatia, e che genera uno spettro emotivo che va dalla tristezza alla rabbia alla compassione. È facile immaginare i “concetti” di giustizia alla base di queste diverse situazioni che hanno provocato il sentimento di ingiustizia: violazione dell'uguaglianza, violazione della libertà, mancato rispetto dell'integrità fisica altrui, ecc. Il denominatore comune di questo sentimento è molto vicino a ciò che suggerisce Lise Bourbeau: "non sentirsi apprezzati per il proprio vero valore" o negare il valore o la dignità umana di qualcuno, quando si prova un'ingiustizia attraverso l'empatia.

Va anche rilevato come il sentimento d'ingiustizia non sia condiviso uniformemente: alcuni vivono la "situazione di ingiustizia" con grande intensità e impiegano più tempo per accettarla e superarla, mentre altri la vivono meno intensamente e la superano con maggiore resilienza. L'esperienza realizzata ha rivelato che le situazioni d'ingiustizia sono varie e vissute con un'intensità specifica a ciascuno.

L'ultima domanda posta ai giovani intervistati riguardava la loro reazione. Si è chiesto: "Come avete reagito?". Nella maggior parte dei casi, la reazione è stata la rassegnazione, la ricerca del dialogo, l'accettazione resiliente o un'azione compensativa come l'aiuto agli altri.

Su una scala più ampia, la storia delle civiltà ha dimostrato che la tendenza umana a esternalizzare e manifestare il sentimento d'ingiustizia può consistere nel cercare il dialogo o la negoziazione e, in caso di rifiuto da parte dell'altro o di fallimento, nella lotta, nella vendetta o nell'oblio, ovvero tre forme di violenza imposte agli altri o a se stessi. La forza della giustizia istituzionale sta nel contenere queste tre reazioni violente. Va notato dall'inizio che la solidarietà potrebbe essere un'azione non violenta e curativa per il sentimento d'ingiustizia, utilmente sfruttabile.

## *La missione pacificatrice della giustizia*

È da tempo riconosciuto che il ruolo primario della giustizia statale, come quello dell'Areopago nell'antica Grecia, è di frenare il ciclo distruttivo della vendetta privata nei conflitti interpersonali. Essa canalizza la violenza vendicativa. Descritta come una "simulazione di giustizia" da

Paul Ricœur, la vendetta non porta alla pacificazione nelle relazioni umane[13]. Al contrario, alla risposta emotiva che la vittima di un grave illecito vorrebbe dare al suo autore, la giustizia e i rimedi legali vengono imposti come una risposta razionale, oggettiva e proporzionata che dovrebbe placare la sete di vendetta della vittima e soddisfare il suo bisogno di giustizia ponendo fine alla controversia.

Una volta fatta giustizia, si ritiene, in linea di principio, che la vittima abbia ricevuto quanto le spetta. Pertanto, la giustizia fornisce una soluzione neutrale ed esterna a un conflitto alimentato dalle passioni umane. La giustizia è il processo di trasformazione di una controversia per ripristinare la pace all'interno della società. Per "pace" non intendiamo un amore generico, ma un effetto calmante prodotto dal riconoscimento degli eventi, delle azioni e delle sofferenze, registrati da un giudice o da una terza parte, in un documento scritto, nel rispetto dell'ordine pubblico[14] e necessario per riannodare il patto sociale. Questa "pace" corrisponde allo scopo a lungo termine e "nascosto" dell'atto di giudicare descritto da Paul Ricœur[15].

*In una società democratica, l'intervento dei tribunali è necessario per ricordare a tutti che l'esercizio di qualsiasi libertà non è privo di conseguenze per gli altri e che tali conseguenze devono essere sopportate da chi le ha causate o avrebbe potuto/dovuto impedirle, data la sua posizione nella catena causale del danno.* Pertanto, nessuno mette in discussione l'essenza della giustizia statale e il suo ruolo aristotelico: richiamarsi al diritto quando sorge un conflitto per ripristinare le prerogative di ciascuno. Ciò che la mediazione stravolge sono i mezzi per raggiungere tale obiettivo, il che c'interroga sul ruolo del potere nella processo di pacificazione.

### *Giustizia: potere o autorità?*

Nelle relazioni umane, la mediazione condivide lo stesso scopo di pacificazione o rasserenamento della giustizia. Ma alla mediazione manca lo "scopo a breve termine" associato da Paul Ricœur all'atto di giudicare. *Dunque, a differenza della giustizia statale, il mediatore "non risolve il conflitto"*[16] *perché non giudica, non decide per gli altri.*

I mezzi e gli effetti della mediazione sono radicalmente opposti: né giudizio né sanzione[16], che può essere vissuta come una forma di violenza da chi la subisce. L'origine di questo contrasto risiede nel ruolo del potere nel processo di trasformazione, tanto assente nella mediazione quanto onnipresente nella giustizia statale.

Il giudice dichiara la legge e amministra la giustizia. Questa missione lo pone in una posizione di "potere sulle parti [*potestas*]", che non esiste nella mediazione.

Sebbene la Costituzione francese in vigore dal 4 ottobre 1958 designi la giustizia come "autorità" e non come potere[17], bisogna riconoscere che la giustizia statale conferisce ai suoi attori vari poteri sui singoli. Basta esaminare le disposizioni delle decisioni giudiziarie per rendersene conto: ordina, ingiunge, condanna[18]. Un campo lessicale che si presta al potere su altri e alla coercizione. In quanto tale, il giudice è investito di poteri definiti dalla legge per elaborare una "sentenza" basata sul diritto e sui fatti, con cui "rende giustizia" e decide il destino delle parti per aiutarle a risolvere il conflitto. Ha il potere di pronunciare sanzioni civili, penali e amministrative volte a fermare, riparare, applicare o punire.

La postura del mediatore è invece di natura diversa, combinando autorità, umiltà e altruismo. L'etimologia di mediazione basterebbe a definirne lo spirito: dal latino *mediatio* "mediazione", l'atto di fungere da intermediario tra due o più cose[19]. Il mediatore è un intermediario responsabile di ristabilire un legame di ascolto e dialogo quando questo si interrompe. Seppure non privo di autorità, nel senso del potere di agire su qualcuno[20], è soprattutto un umile ascoltatore che, attraverso un senso della psicologia umana, un'intelligenza globale[21], le sue domande sottili e percettive sui bisogni o sulle questioni nascoste del conflitto, gli sguardi e i gesti, può portare una pace (interiore e collettiva) di cui solo gli attori della mediazione detengono le chiavi.

Il mediatore è un pacificatore, in senso socratico, tra persone libere che, attraverso l'ascolto attivo, noto anche come "rispecchiamento", fa emergere verità inespresse e una soluzione su misura adattata alle persone coinvolte per riprendere la propria vita. Sono quindi privi di qualsiasi potere sanzionatorio, in senso giuridico: non sono autorizzati a imporre una sanzione come conseguenza, o come tributo, alle mancanze che hanno causato danni o mali agli attori della mediazione.

Esistono spazi di ascolto non giudicante nella giustizia statale, in alcune funzioni o misure, come l'ufficio di conciliazione del giudice nei procedimenti civili[22], la mediazione penale[23] e, più recentemente, le udienze di conciliazione amichevole[24]. Ma questi spazi, che si traducono in una non-decisione pacificatrice, sono eccezioni al principio di una giustizia giudicante e decidente. Basta considerare il numero di decisioni che hanno portato al fallimento delle procedure di conciliazione, il numero di mediazioni penali disposte dai pubblici ministeri e il numero di ARA (Audience de Règlement Amiable - Udienza per un accordo amichevole) che si sono concluse con un accordo transattivo. Tali adeguamenti al processo giudiziario, che consentono ai singoli di esercitare il proprio libero arbitrio, erano in precedenza marginali, ma stanno diventando sempre più diffusi grazie all'ARA.

Da notare infine che, sebbene la giustizia statale e la mediazione perseguano il medesimo obiettivo, i metodi differiscono profondamente: la prima esercita un potere coercitivo mentre la seconda ricorre a un'autorità debole.

*Mediare: una giustizia che ascolta senza giudicare*

L'ascolto è al centro di una missione di pace: che sia svolta dalla giustizia statale, da un diplomatico o da un mediatore. Ma l'esistenza di un'intenzione dietro l'ascolto può minare la missione di pace. Il vero ascolto, l'ascolto puro, l'ascolto empatico, presuppone una totale assenza d'intenzione da parte dell'ascoltatore.

Questa visione dell'ascolto è stata concettualizzata dallo psicologo umanista Carl Rogers, morto nel 1987 prima di essere candidato al Premio Nobel per la Pace[25]. Ha rivoluzionato l'ascolto terapeutico dimostrando che l'ascolto rispecchiato o la riformulazione non solo sono più rispettosi del paziente, ma anche più efficaci dell'ascolto basato sul *counseling* precedentemente applicato dagli psicologi. È anche molto interessante notare che questo concetto di "ascolto attivo" utilizzato nella mediazione deriva dalla psicologia comportamentale e dalla terapia clinica: far emergere le capacità del paziente attraverso il semplice ascolto. Simile alla maieutica socratica, questa forma di ascolto riformulato si basa sulla premessa che la chiave del conflitto (interpersonale o intrapersonale) risiede nella persona stessa. Pertanto, l'ascolto attivo di una terza persona permette all'ascoltatore di dialogare con se stesso.

Come se la persona in conflitto presentasse un certo malessere, conscio o inconscio, accettato o represso, quell'ascolto potesse "guarire". Come se la discordia rivelasse da qualche parte paradossi, ferite, fragilità interiori nelle persone in opposizione, che vanno persino oltre la storia del conflitto e la sua genesi. Il rimedio offerto dal mediatore è semplice: dare alle persone la possibilità di esistere pienamente, di dire ciò che sono, ciò che stanno vivendo e i loro mezzi d'azione per ripristinare il loro benessere nella relazione. L'ascolto non giudicante si materializza anche in un modo di comunicare libero da qualsiasi valutazione, una "comunicazione nonviolenta" teorizzata nella straordinaria opera di Marshall B. Rosenberg[26], discepolo di Carl Rogers. La comunicazione nonviolenta è diventata un punto di riferimento in termini di metodo comunicativo assertivo, rispettoso di sé e del proprio interlocutore. Marshall B. Rosenberg, dottore in psicologia, ha dedicato la sua vita a testare il suo metodo in situazioni di conflitto acuto negli Stati Uniti e in tutto il mondo (zone di conflitto armato), per poi insegnarlo come docente. È lui che ha coniato la famosa citazione: "La violenza è la tragica espressione dei nostri bisogni insoddisfatti". Ha stabilito il collegamento tra emozioni e bisogni, soddisfatti o meno.

A differenza di un mediatore, l'ascolto del giudice è necessariamente "giudicante", poiché influenzerà il suo "giudizio". Questo scopo della giustizia statale può compromettere la nascita sincera e onesta delle menti. La forza di un sistema di giustizia non giudicante risiede nell'essere meno preda dei "pregiudizi cognitivi"[27] e delle "voci che circolano"[28], passibili di alterare ogni sistema di pensiero umano; si evitano così molti errori di valutazione, giudizio, comprensione e percezione.

L'assenza di giudizio ci permette di accogliere gli esseri umani in tutte le loro sfaccettature: la loro aspirazione alla pace così come l'espressione della loro violenza. La mediazione accoglie il disordine; Jacqueline Morineau, teorica della mediazione umanista e pioniera della mediazione penale in Francia, spiega che questa è addirittura "la sua funzione essenziale"[29], che la distingue dalla giustizia statale. Pertanto, la violenza che giace dormiente nel cuore delle persone in conflitto non viene condannata nella mediazione. Essa è accolta, come testimonianza di un malessere o di una verità sepolta, non appena si esprime entro i limiti stabiliti dal mediatore, per essere analizzata. "Perché? Cosa lo innesca? Quale bisogno insoddisfatto gli è associato? Può accadere che questo bisogno venga ignorato da chi lo accoglie, il che può generare frustrazione e violenza contro se stessi o gli altri. Identificare il bisogno è un passo di pacificazione, perché allora la vita può essere riorientata verso la sua soddisfazione o solo verso l'accettazione che può essere soddisfatta con il tempo, con la resilienza. Insomma, una conoscenza approfondita dell'essere umano permette di dissipare la violenza nella mediazione.

Nella giustizia statale, la violenza è necessariamente condannata poiché è proibita dalla legge, salvo circostanze eccezionali[30]. Anche la violenza verbale può essere usata contro la persona che la esprime, poiché il giudice sarà tentato di concludere che rappresenti una mancanza di autocontrollo, capace di rappresentare un pericolo per gli altri. Questa condanna non aiuta l'autore della violenza a liberarsene. E ogni volta che condanna, il sistema giudiziario esercita ulteriore violenza sulla persona condannata, aggiungendola a quella già perpetrata.

*Mediazione: giustizia "olistica"*

*La mediazione è una forma di giustizia il cui scopo è risolvere un problema in modo completo e pragmatico.* L'obiettivo immediato della mediazione non è quello di conformare una pratica o un comportamento alla legge, ma di risolvere il problema rivelato dal conflitto e di placare le parti coinvolte. Tale giustizia abbraccia una parte dell'umanità che la giustizia statale e la legge possono trascurare a causa della mancanza di "know-how" o della capacità di "decifrare". Per raggiungere questa comprensione completa di un conflitto, la mediazione utilizza la cosiddetta "intelligenza emotiva"[31], ovvero la capacità di entrare in empatia con se stessi e con gli altri, poiché comprende le emozioni e i bisogni delle persone in qualsiasi situazione, anche quelle spiacevoli. Mobilita così entrambi i sistemi dell'intelligenza umana[32]: il lato emotivo delle persone [un'espressione del cervello rettiliano e del sistema limbico, chiamato anche Sistema 1] e il lato razionale, sede dell'intelligenza logica e deduttiva [neocorteccia o Sistema 2].

Proprio come la giustizia statale, la mediazione cerca di navigare tra l'emozione e la ragione degli attori della mediazione per consentire ai singoli di esprimere i propri sentimenti e la propria sofferenza e di mobilitare le loro capacità analitiche e logiche per comprendere le relazioni causali tra gli eventi e le loro conseguenze. Mediazione e giustizia statale sono processi di "razionalizzazione" delle passioni umane.

Imetodi impiegati sono, però, molto diversi: da un lato, il mediatore cercherà di aiutare le "parti mediate" ad "analizzare" le loro emozioni per comprendere i bisogni che celano, un passo essenziale per identificare le chiavi del loro equilibrio futuro; d'altra parte, il mediatore supporterà le "parti mediate" nel creare le condizioni per la propria pace. Non detterà i termini del contratto di mediazione, perché il processo di sensibilizzazione che avrà messo in atto durante le sessioni di mediazione dovrebbe essere sufficiente a rendere le parti ragionevoli, ad accogliere gli interessi e i bisogni dell'altro, a moderare i propri e quindi a costruire un accordo "equilibrato".

La mediazione è una forma di giustizia profondamente umana, che "restituisce la dignità umana" a ciascun individuo e offre l'opportunità di conoscersi a vicenda. Una forma di giustizia in cui sono assenti potere e pressione sociale. È una giustizia che guarisce le anime turbate dagli eccessi di libertà altrui, che non giudica in termini di gravità, ma di causalità. Non procede da alcuna gerarchia o categorizzazione. Le persone arrivano con il loro fardello, qualunque esso sia, consegnandolo al mediatore che ascolta, osserva e coglie dietro le parole, le espressioni facciali, le emozioni visibili o percettibili, gli elementi importanti della storia. Esegue questo rituale per ciascuno degli attori della mediazione, dapprima nel corso di una sessione individuale, prendendo appunti se necessario per costruire e preparare la futura sessione plenaria. Poi, in sessione plenaria, le parti si presentano con quello che sono, le loro ferite, la loro rabbia, la loro tristezza, il loro bisogno di giustizia. E il mediatore le accoglie con la più rigorosa neutralità. Ascolta, distribuisce la parola, riformula tutto per collegare l'umanità dell'uno a quella dell'altro e viceversa. La neutralità e la totale accettazione senza giudizio condizionano la fiducia nel mediatore, l'assenza di paura. *La minima violazione della neutralità da parte del mediatore, dovuta a goffaggine, a un embrione di giudizio (morale, di valore o legale), può compromettere il processo.* Questo aspetto è cruciale nel vissuto del processo di pace degli individui. La mediazione è un processo delicato, senza potere, di conseguenza non induce alcuna violenza.

### *Problematiche e struttura del volume*

L'obiettivo del presente saggio è modesto: confrontare i percorsi della giustizia statale e della mediazione in Francia per identificare somiglianze e differenze. Niente di più, niente di meno.

Pertanto, il *modus operandi* della giustizia sarà analizzato attraverso tre assi: il quadro (parte 1), gli strumenti (parte 2) e gli effetti (parte 3). All'interno di ciascuna parte, esamineremo l'elemento innovativo del processo di mediazione rispetto a quello della giustizia statale.

Il lettore dovrebbe essere in grado di cogliere una certa compatibilità tra queste due modalità di giustizia. È libero di immaginare cosa potrebbe diventare la giustizia statale se fosse alimentata dalla mediazione. È libero di sognare un sistema giudiziario che rinunci gradualmente al suo potere di giudicare per esercitare un non-potere di trasformazione delle persone in conflitto con i loro simili.

# *Prima Parte:*
# IL QUADRO GENERALE

*Premessa: oltre le garanzie del giusto processo*

L'articolo 6.1 della Convenzione europea sui diritti umani stabilisce le condizioni per un giusto processo, un processo che porti alla giustizia. Esso garantisce quindi a ogni individuo il diritto di essere ascoltato da un tribunale indipendente e imparziale, entro un termine ragionevole, in pubblico [a meno che la pubblicità non sia contraria agli interessi della giustizia] e di essere presunto innocente fino a prova contraria.

La mediazione [che sia convenzionale, giudiziaria[33] o svolta nell'ambito di un procedimento di giustizia riparativa[34]] non solo convalida queste garanzie, ma le supera anche, poiché offre la possibilità di essere ascoltati in tempi molto più rapidi rispetto alla giustizia statale e da un mediatore indipendente e imparziale[35]. Per quanto riguarda la riservatezza, contrariamente a un'attuale tendenza del sistema giudiziario che cerca di presentarsi per quello che è, è sempre nell'interesse della giustizia e della decenza umana essere protetti dal controllo e dalla valutazione pubblica. Se la pubblicità è una garanzia di *buona giustizia*[36], è per amore della trasparenza e della responsabilità nei confronti di colui in nome del quale viene resa giustizia, "il popolo francese". Ci si potrebbe quindi porre la seguente domanda: ci sarebbe bisogno di pubblicità se i tribunali non esercitassero alcun potere sulle parti in causa? Nella mediazione, la riservatezza è essenziale per preservare la privacy degli individui e le questioni importanti che li riguardano in modo esclusivo. Pertanto, la riservatezza degli scambi è richiesta dal mediatore nei confronti del giudice[37], ma anche nei confronti degli attori della mediazione quando uno di loro richiede una sessione privata per comunicare informazioni importanti al mediatore senza rivelarle agli altri membri della sessione.

La presunzione d'innocenza è ancora più forte nella mediazione, poiché non emette un giudizio sui fatti; al massimo, ricerca nessi causali tra eventi e reazioni. Non vi è alcuna distribuzione di responsabilità legali, civili, penali o amministrative; vi è solo considerazione di persone di pari dignità.

### *Dignità umana e libero arbitrio: imperativi fondamentali della mediazione*

La dignità umana e il libero arbitrio sono probabilmente i principi guida più forti di un processo di mediazione. *In questo senso, la mediazione è la forma più elevata di giustizia in termini d'ideali filosofici e giuridici.* Ed è alle più fondamentali riflessioni ontologiche sul diritto e sulla giustizia che deve questa vicinanza all'utopia della giustizia umana. La mediazione è un processo che non fa concessioni alla dignità umana. Il mediatore competente è così umano che nessuna delle sue parole può essere vissuta come un attacco all'integrità psicologica degli attori della mediazione. Per quanto riguarda l'integrità fisica, la mediazione non esercita alcuna coercizione o pressione e non sanziona; pertanto, non esiste alcuna possibile violenza, né fisica né psicologica, al di là di quella espressa dalle parti coinvolte. Il principio, enunciato dall'articolo 1 della Dichiarazione Universale dei Diritti Umani delle Nazioni Unite e dalla Carta dei Diritti Fondamentali dell'Unione Europea[38], non ha equivalenti nel diritto francese e la Corte di Cassazione ha recentemente ribadito che, non avendo valore costituzionale, non può "costituire un motivo autonomo di restrizione della libertà di espressione artistica"[39].

Il libero arbitrio è l'altro principio fondamentale della mediazione, che deriva dalla dignità umana. La nozione di libero arbitrio potrebbe essere spiegata attraverso la teoria dell'autonomia della volontà derivata dalla filosofia kantiana[40]. Questo autore, legato al movimento illuminista, ha profondamente influenzato la dottrina giuridica e il suo approccio alla libertà è stato incarnato nel Codice napoleonico[41]. Egli ritiene che "la volontà delle parti è la fonte e la misura di ogni obbligo". È "poiché l'uomo è fondamentalmente libero che può essere soggetto alle leggi che ha voluto". Di conseguenza, un uomo libero deve rispettare ciò a cui ha liberamente scelto di impegnarsi.

Tala visione della libertà ha dato origine a due principi guida del diritto delle obbligazioni: la libertà contrattuale e la forza vincolante del contratto. La mediazione è un processo fondamentalmente fedele al libero arbitrio e alla teoria dell'autonomia della volontà. E l'accordo di mediazione, se la mediazione ha successo, ne perpetua la teoria, poiché le parti mediate possono vincolarsi solo a misure conclusive che hanno liberamente scelto. Ciò spiega perché l'accordo di mediazione sia giuridicamente qualificato come contratto.

## 1. **Garanzie per le persone coinvolte nella mediazione**

*Libertà di entrare e uscire dalla mediazione*

A parte la mediazione giudiziale, la mediazione è un processo volontario, basato sul libero arbitrio: la libertà di ogni persona di entrare e uscire dal percorso. Nessuno dovrebbe essere costretto a entrarvi. Ecco sia la forza, sia la fragilità di questo processo. Per trovare la "pace", bisogna desiderarla ed esserne partecipi. È la filosofia della mediazione. Inoltre, come tutti i metodi amichevoli – e di giustizia riparativa – si basa sul libero consenso delle parti in causa. La libertà è qui da intendersi nel suo senso letterale, come "assenza di costrizioni esterne o interne". È la principale differenza rispetto alla giustizia statale, che consente di convocare ufficialmente la contro-parte – il convenuto – affinché compaia davanti al giudice per spiegarsi rispetto a ciò di cui lo si accusa. Nella mediazione, tutte le parti devono consentire liberamente, senza essere costrette a farlo. Ciò presuppone che, in fondo, vogliano credere in un possibile esito al di fuori delle costrizioni e della legge. Detta libertà è tutelata durante l'intera procedura di mediazione: in ogni momento le parti possono decidere di abbandonarla, a differenza di quanto avviene per una procedura giudiziaria, il cui esito dipende necessariamente da un magistrato – a meno che non venga richiesta l'archiviazione, comunque subordinata all'accettazione del convenuto[42].

Nella mediazione, gli attori coinvolti sono quindi "padroni" della propria libertà. Si potrebbe pensare che questa indebolisca il processo perché lascia spazio a ogni sorta d'imprevisto. Ma in realtà, la fragilità è una forte garanzia di successo. Infatti, quando un attore sente che la sua libertà può essere "a rischio" è tentato di ritirarsi dal processo. Invece, sentendosi "libero" di rimanere se stesso, in quanto essere umano necessariamente imperfetto che esprime la propria verità in maniera goffa, magari rifiutando l'altro, ma anche esprimendo – dall'inizio alla fine – la propria sensibilità verso l'altro e la propria accettazione paradossale dell'altro, allora sceglierà di rimanere.

Ai giorni nostri, si ambisce a costringere le persone in conflitto a trovare una soluzione amichevole ispirata dalla Ragione e dalla buona fede, prima di ricorrere al tribunale. È, di fatto, l'opzione scelta dal legislatore francese, poiché qualsiasi controversia d'importo non superiore a 5.000 euro va ormai sottoposta a un previo tentativo amichevole (come la mediazione) prima di essere portata dinanzi a un giudice, pena l'inammissibilità della domanda[43].

Si potrebbe pensare che l'obbligo di deferire la questione a un mediatore prima di un giudice sia contrario allo spirito della mediazione e rischi di comprometterne il successo, poiché il procedimento non è spontaneo. *Ma in una società abituata a deferire una controversia a un giudice, che privilegia il duello legale per garantire il trionfo dell'argomento giuridico più forte a sostegno di interessi particolari, si rende necessario un "nudge"*[44] *giuridico sotto forma di coercizione per sviluppare una cultura di pace e dialogo.*

Erede della filosofia dell'Illuminismo, la società francese ha elevato la libertà "individuale" al vertice della gerarchia dei valori sociali, per poi declinarla all'infinito. Ora bisogna invece insegnare ai cittadini che la libertà si esercita necessariamente in una relazione con gli altri, che si tratti di un rapporto personale, professionale o economica.

La dimensione "relazionale" nell'esercizio della libertà è fondamentale per vivere in società. "La libertà personale finisce dove comincia quella dell'altro" afferma l'articolo 4 della Dichiarazione dei Diritti dell'Uomo e del Cittadino, testo emblematico del blocco costituzionale.

Va notato che questo limite alla libertà ha lo stesso valore normativo del principio di libertà: un valore costituzionale. Pertanto, la libertà individuale, come il suo limite, si colloca al vertice della gerarchia delle norme teorizzata dal positivista Hans Kelsen[45]. La mediazione è una forma d'insegnamento per adattare e (ri)conciliare le libertà di ciascuno, al fine di vivere bene insieme.

### *La posizione paritaria delle verità presentate dagli attori della mediazione*

Nella mediazione, l'uguaglianza dei protagonisti della mediazione ha una realtà concreta molto forte, che va oltre l'uguaglianza di diritto e la trascende.

In primo luogo, in termini di forma. Nella mediazione, i termini attore/convenuto, accusato/vittima non sono adoperati, il che implica necessariamente un trattamento identico, neutrale e imparziale da parte del mediatore. Inoltre, lo status di attori della mediazione elimina le qualità sociali e professionali delle parti. La mediazione si occupa principalmente delle "persone", della loro storia, delle loro esperienze, della loro realtà. L'uguaglianza degli esseri si esprime in modo diverso.

In secondo luogo, in termini di sostanza. La parità si manifesta nel ruolo di ciascuna parte nel conflitto. Ciò che unisce gli attori è il loro conflitto. In un conflitto, se ogni parte cerca di scaricare il peso della responsabilità sull'altra, nel processo di mediazione si mostra invece a ciascuna parte che ha in mano la chiave per trovare una soluzione. Le parti coinvolte sono quindi uguali rispetto alla controversia e al suo esito. Ognuno "è una chiave" per uscire dall'impasse.

L'uguaglianza deriva dall'umanità riconosciuta alle controparti e si palesa durante il processo di mediazione. Inevitabilmente, il conflitto mette in luce sia i valori importanti, propri di chi è coinvolto e si considera bistrattato dall'altro, sia le emozioni che esprimono la reazione di ciascuna parte agli eventi. Questa dimensione "sensibile" degli esseri umani è il terreno fertile per i mediatori, che possono far emergere le verità e i bisogni di ciascuna parte al fine di trovare una soluzione al conflitto. Tale affrancamento rende ciascun attore consapevole che anche "l'altro" ha una sensibilità, una relazione con il mondo, frutto della sua storia personale, la quale non ha meno valore della propria. L'emergere della "dimensione umana" permette a ciascuno di accedere all'umanità dell'altro e di riconoscerlo come proprio simile, un suo pari.

## 2. **Garanzie per il mediatore**

*Un atteggiamento umile*

Come qualsiasi terza parte che interviene in una relazione, il mediatore deve rispettare determinati principi etici e professionali. Deve essere imparziale, neutrale e indipendente[46]. L'etica professionale non è specifica del mediatore; si applica anche all'arbitro, al conciliatore e al magistrato[47]. Inoltre, la mediazione richiede altre qualità uniche: l'assenza di potere e il ritiro. In tale contesto, il mediatore si presenta come un pari rispetto agli attori della mediazione, vestito senza distinzioni o segni esteriori di autorità, ponendosi nella posizione di un essere umano, con tutti i suoi punti di forza e di debolezza.

*Assenza di potere*

Il mediatore non esercita alcun potere sugli attori della mediazione, poiché non è autorizzato a farlo dalla legge. Questi sono liberi di abbandonare il processo in qualsiasi momento e il mediatore non può costringerli a nulla. Dal canto suo, essendo indipendente, il mediatore non deve rendere conto a nessuno ed è quindi libero di abbandonare il processo se le parti non rispettano le "regole del gioco" che è tenuto a ribadire all'inizio di ogni sessione plenaria.

Al contrario, la giustizia statale conferisce ai giudici poteri che hanno conseguenze considerevoli sia sulla vita di coloro che sono "giudicati" sia sulla società in generale. Al di fuori della loro missione di conciliazione[48], in principio simile a quella del mediatore, i giudici ordinano, ritirano, condannano ed eseguono. Lo stesso vale per l'arbitro, che "risolve le controversie"[49] anche quando decide in modo equo e agisce come un amichevole compositore; in definitiva, il lodo arbitrale equivale a una sentenza esecutiva.

Come il conciliatore, il mediatore è privato di ogni potere, tranne quello di porre fine alla mediazione se il quadro stabilito non viene rispettato dalle parti coinvolte. I suoi strumenti principali sono il linguaggio, che deve usare con la massima delicatezza per non compromettere la libertà delle parti coinvolte e la loro speranza nel processo, e la comprensione: una comprensione completa che gli consente di comprendere le questioni principali del conflitto in modo quasi intuitivo. Torneremo su questo punto. *La mancanza di potere implica necessariamente una singolare umiltà da parte del mediatore, una qualità professionale raramente richiesta.*

*"L'assenza di sé"*

Nell'esercizio del suo ruolo, il mediatore è una terza parte indispensabile del processo, ma la sua presenza gioverà agli attori della mediazione solo se "farà un passo indietro" per entrare nella vita delle parti, nella loro storia, al fine di cogliere le "chiavi" del conflitto che sta turbando la loro pace. Il suo compito primario è uno dei più modesti, poiché implica innanzitutto l'ascolto, l'accoglienza, senza giudizio, della storia dei mediati. L'azione di ascolto richiede al mediatore di abbandonare il proprio "io", la propria storia, per evitare qualsiasi interferenza con la storia delle parti. Il suo calore umano sarà, tuttavia, un utile "legame" per le parti coinvolte, una cornice rassicurante. Non è dunque solo essenziale per lui, affinché possa esprimere ed esercitare la sua "arte" nella comprensione dell'alterità, ma è anche essenziale per incoraggiare gli attori della mediazione a ricostruire una relazione di ascolto reciproco. Il mediatore è quindi una terza parte che accoglie incondizionatamente l'umanità del mediato, con tutto ciò che di bello e di meno bello c'è nell'essere umano.

Ascoltando e riformulando le parole delle parti, il mediatore funge da umile specchio delle verità che gli vengono proclamate e suggerite. Ma, offrendosi di riflettere tali fragili verità, come una levatrice, "porterà alla luce" le "chiavi" per l'esito del conflitto. Il suo ascolto deve essere utile e attivo, poiché – nei racconti delle parti – deve identificare gli elementi di un interesse comune che consentiranno la ripresa del dialogo o stabiliranno le condizioni per una relazione pacificata. Quindi, a differenza di un magistrato o di un arbitro, il mediatore non impone una soluzione; al massimo ne suggerisce una. Si tratta di una soluzione che rispetta la legge e affronta le questioni in gioco nel conflitto. Ma sono le parti a rimanere uniche attrici dell'accordo, tanto in linea di principio quanto nei suoi termini.

### *Un'autorità garbata e una forma di saggezza*

Dal latino *auctoritas*, "capacità di far crescere": non esiste incarnazione più autentica della figura dell'*autorità* di quella del mediatore o, più in generale, dell'*essere di pace*: aiutare le persone – mentre sono prese nella morsa del conflitto, dell'odio e della vendetta contro chi ha causato un danno –, permettendo loro di crescere nella comprensione di se stesse, degli altri e, in ultima analisi, nell'accettazione della situazione passata per costruire un futuro placato.

Essere un mediatore richiede una certa saggezza che si esprime attraverso la totale accettazione di ciò che un essere umano può essere, sia nei suoi lati oscuri che in quelli luminosi. Ciò si traduce in un garbo incondizionato, in una benevolenza piuttosto rara, che richiede l'accettazione di sé, con lucidità e indulgenza. Quando si raggiunge un tale livello, allora la benevolenza nei propri confronti può irradiarsi verso l'esterno, anche verso quanti hanno commesso l'imperdonabile. Perché questa benevolenza universale riconosce che gli esseri umani non si riducono mai agli atti commessi.

*La benevolenza verso ogni essere umano*

La benevolenza è il risultato della saggezza. La mediazione presuppone che l'esperienza di ogni persona sia una verità inalterabile che merita di essere accettata così com'è, senza giudizio, sebbene le reazioni o i comportamenti di una delle parti appaiano "irragionevoli" alla luce delle regole del buon senso. Al contrario, ogni reazione di uno degli attori è portatrice di un'informazione, di un messaggio del suo sé più profondo che traduce una verità. Ed è proprio questa verità che il mediatore deve far emergere: il "perché" dietro la reazione. Tutto ciò che un essere umano sperimenta può essere accettato nella mediazione.

L'accettazione incondizionata del mediatore è possibile proprio perché egli non giudica. Poco a poco, mettendo in luce le verità più o meno evidenti o nascoste degli attori della mediazione, la trasformazione può avvenire nell'intimo di ciascuno. E se la verità di una persona è difficile da comprendere per l'altra parte, il mediatore chiederà "Perché reagisce?", "Cosa sta succedendo dentro di lei?" e così via. Ciò che è difficile per le persone è capire perché sono in conflitto tra loro, le vere ragioni del conflitto, i valori che vengono messi a repentaglio dal disaccordo. In definitiva, ogni persona è pronta ad accogliere l'altro soltanto quando capisce cosa sta succedendo dentro di sé. E allora le relazioni si placano.

## 3. Garanzie processuali

*Riservatezza controllata dai mediatori*

La mediazione è un processo protetto da una garanzia fondamentale: la riservatezza. Questa è senza dubbio la principale attrattiva della mediazione e dell'ADR in generale rispetto alla giustizia statale. La riservatezza degli scambi incoraggerà le parti coinvolte nella mediazione a parlare apertamente. Naturalmente, anche la fiducia nel mediatore contribuirà a questa graduale liberazione. Ma tale garanzia può incoraggiare le persone a optare per la mediazione piuttosto che per le citazioni in giudizio [in particolare nelle controversie economiche in cui sono in gioco segreti aziendali]. Nella mediazione, la riservatezza viene imposta fin dall'inizio, quando si stabilisce un contatto durante i colloqui preliminari, prosegue durante le varie sessioni plenarie ed è immortalata nell'accordo di mediazione firmato dagli attori. Nella mediazione, la riservatezza raggiunge un ulteriore livello, in particolare nella tecnica "della conversazione confidenziale, fatta separatamente". In qualsiasi momento del processo, le parti coinvolte possono scegliere di rivelare determinate informazioni solo al mediatore. La riservatezza di questi scambi "non conflittuali" può essere revocata solo con il consenso degli interessati, se questi ultimi ritengono che la rivelazione di detti elementi riservati possa far progredire il processo di risoluzione.

*Il contraddittorio "sublimato"*

La mediazione è un processo di pace basato sullo scambio di verità tra ciascuno degli attori implicati. Il contraddittorio assume qui un'altra dimensione: è quasi sublimato.

La mediazione provoca non tanto lo scambio di argomenti giuridici o fattuali, quanto lo scambio di verità distinte di pari valore, perché la storia di ciascuno ha pari importanza. Nei procedimenti giudiziari, il processo contraddittorio ha sia un effetto virtuoso perché garantisce l'equità dei dibattiti, ma allo stesso tempo ha un effetto perverso perché alimenta la "contraddizione" e il desiderio di ciascuna parte, incoraggiata dai propri avvocati, di trovare l'argomento più forte per vincere la causa. Un processo non è altro che un duello "razionale" tra due persone in conflitto, che deve essere risolto con l'aiuto del diritto. Nel processo per stupro di Mazan (2024), Gisèle Pélicot ha dovuto rispondere alle domande degli avvocati della difesa, che inevitabilmente, per attenuare la responsabilità e la punizione dei loro clienti, mettevano in dubbio la sua verità. Mettere in discussione la sofferenza vissuta è un'ulteriore forma di violenza. Avvocati empatici e rispettosi della vittima possono riuscire a porre domande imbarazzanti con delicatezza. Mentre avvocati animati dalla passione per i diritti della difesa e in qualità di abili giuristi rischiano di trascurare l'impatto delle parole sull'interlocutore. Nella mediazione, esiste, naturalmente, questa logica dell'argomentazione, in diritto e di fatto, a sostegno di interessi personali, ma non c'è alcuna difficoltà a convincere il mediatore perché non ha potere decisionale. Non esiste quindi una logica vincente-perdente: o la mediazione ha successo e ci sono due vincitori, oppure fallisce e il conflitto persiste. Se le virtù del dialogo e lo spirito della mediazione hanno gradualmente effetto sugli attori, questi, alla fine, arrivano a comprendere che l'obiettivo della mediazione è convincere l'altra parte a rivolgersi a loro, il che richiede innanzitutto andarsi reciprocamente incontro.

Si pone in modo costante l'accento sulla spiegazione e sulla descrizione di esigenze, interessi, vincoli e problematiche, che possono essere rafforzati e consolidati dalla presenza di avvocati. Si tratta quindi di due verità equivalenti, espresse per essere ascoltate dall'altra parte e, se necessario, per raggiungere un accordo di pace formale o informale. Non parleremo di dialogo perché le parti potrebbero rifiutarsi di parlare direttamente tra loro, ma rivolgendosi al mediatore, si esprimono in modi che sono necessariamente ascoltati dalle rispettive controparti. Possiamo quindi affermare che il processo di mediazione è intrinsecamente conflittuale, perché il vero obiettivo della mediazione è portare gli attori implicati ad accettare la verità dell'altro.

### *La "Ruota di Fiutak": un processo strutturante e flessibile*

La mediazione è definita come un processo strutturato. La "Ruota di Fiutak" è un metodo inventato dal pr. Thomas Fiutak, che propone una cronologia in quattro fasi per la risoluzione di un conflitto[50]: una fase di espressione delle storie; una fase di espressione di emozioni, sentimenti, bisogni e valori; una fase di *brainstorming* di potenziali soluzioni; e una fase di impegno per una via d'uscita dal conflitto attraverso la finalizzazione/redazione di un accordo. Mentre le prime due fasi mirano a "chiarire" la situazione condividendo percezioni, sentimenti e questioni personali, la terza fase mira alla "trasformazione" attraverso il distacco dal passato per immaginare un futuro di pace, e la quarta fase è dedicata alla "implementazione" di un accordo, che implica la formulazione di domande più sottili.

Insomma, la "Ruota di Fiutak" propone un processo di risoluzione del conflitto basato su tre domande fondamentali sul conflitto: Cosa? Perché? Come? Questa struttura del processo ricorda quella della tragedia greca, divisa in tre atti: *theoria, crisis* e *catharsis*[51].

La presentazione di Jacqueline Morineau, una delle teoriche della mediazione umanista, è interessante perché, nella mediazione, le parti iniziano presentando la loro visione dei fatti senza entrare realmente in dialogo. Poi, lo scambio di versioni e percezioni porta gradualmente a un'intensificazione del dibattito, che porta all'espressione forte, a volte violenta, delle emozioni, della sofferenza e dell'identità nascosta di ciascuna parte. La formulazione speculare del mediatore[52], che risuona come il coro della tragedia, consente a ciascuna parte di riconoscere la propria sofferenza e di prendere le distanze, il che porta delicatamente al punto di svolta, alla catarsi. Il riconoscimento di sé da parte della terza parte la aiuterà a riconoscere l'alterità e a proiettarsi diversamente nel futuro. Questa è la fase di trasformazione durante la quale le emozioni forti portano alla luce vecchie ferite e bisogni insoddisfatti e sepolti, e possono condurre alla fase finale di co-costruzione del quadro relazionale per il futuro. C'è, tuttavia, una differenza fondamentale tra mediazione e tragedia: l'esito del processo: un destino pacifico nell'una, un destino tragico nell'altra.

Uno dei punti di forza del processo della "Ruota di Fituak" è la sua flessibilità: la cronologia delle quattro fasi è importante, ma la pratica della mediazione non è una scienza esatta. Il mediatore può facilmente tornare a una fase precedente per esplorare un elemento nella sua duplice dimensione (fattuale/percepita) se emerge in una fase avanzata della mediazione.

Il mediatore "sente" quando qualcosa è "non detto" e quando manca un pezzo del puzzle. È sempre attento ai segnali deboli, anche molto deboli, che dovrebbero attirare la sua attenzione. Il processo di mediazione è così flessibile che la sua presentazione consente l'emergere di "nuovi elementi" senza rallentare il processo. Un mediatore di talento è in grado di porre la domanda trasformativa che capovolge la situazione perché ha compreso, attraverso una breve presentazione del conflitto, i meccanismi difensivi e le loro motivazioni di ciascuna parte protagonista della mediazione.

*Sintesi*

Nella prima parte, abbiamo evidenziato le specificità procedurali di questa forma di giustizia rispetto alla giustizia statale. Pertanto, sembra che la mediazione non interrompa radicalmente il processo giudiziario: alcune garanzie processuali sono altrettanto tutelate nella mediazione. Tuttavia, la mediazione sembra andare ancora oltre, verso l'ideale di giustizia. Il libero arbitrio degli attori, l'umiltà assoluta del mediatore, il contraddittorio "soft" privo di ogni idea di duello argomentativo, ma caratterizzato dallo scambio di verità paritarie, sono senza dubbio le garanzie più notevoli di questo peculiare "quadro" di giustizia. Si tratta di garanzie che vorremmo percepire in ogni forma di giustizia umana.

# *Seconda parte:*
# GLI STRUMENTI

*Preambolo. L'assenza del diritto e della retorica*

Nella giustizia statale, la legge è onnipresente. Il rigore e l'oggettività della legge possono talvolta dare origine a una certa rigidità e freddezza che priva il processo della finalità umana della giustizia. È la presenza dei professionisti del diritto che permette di restituire umanità al processo. Nella mediazione, accade il contrario: essendo il processo basato sulla libertà, è completamente flessibile e quindi profondamente umanista. Non c'è timore che il processo soffra di rigidità. Nella mediazione, la legge è discreta, ma è onnipresente. Ecco il punto più paradossale di tale forma di giustizia: non è una giustizia senza legge, è una giustizia che va oltre la legge.

*La mediazione è una giustizia che incarna i valori giuridici più fondamentali dell'ordinamento giuridico francese (ma non solo): la libertà, la dignità umana e il rispetto per gli altri sono al centro del processo di mediazione, ma si libera dai vincoli legali per garantirne il rispetto.* Si tratta di una forma di giustizia pienamente coerente con tutti i diritti fondamentali sanciti dal quadro costituzionale o convenzionale, ma che può trovare soluzioni al di fuori della legge, nel rispetto dell'ordine pubblico. È un percorso di pace basato sul libero arbitrio degli individui, che utilizza mezzi extra-legali, ma comunque dipendenti dalla loro dignità.

La retorica non ha quindi alcun ruolo nella mediazione, anche se coloro che sono oggetto della mediazione tenteranno di utilizzarla all'inizio del processo.

L'argomentazione, tuttavia, ha il suo ruolo, perché le discussioni davanti al mediatore devono essere costruttive per il futuro di ciascuna parte. L'importante non è compiacere il mediatore, convincerlo, ma piuttosto raggiungere pura autenticità, pura sincerità. La sincerità dissipa gradualmente il desiderio di vendetta, di vittoria.

*Nota*

Se la legge è implicita nella mediazione, quali mezzi utilizza il mediatore per pacificare i rapporti? Si tratta di mezzi extra-legali, la maggior parte dei quali sono stati rivelati dai ricercatori in psicologia e che trovano il loro posto nella risoluzione dei problemi umani, anche i più complessi. Il primo fa appello a una forma di ascolto (I), il secondo a una tecnica di comunicazione (II) e il terzo a un approccio globale all'intelligenza (III).

# 1. L'ascolto non giudicante di Carl Rogers

*Il linguaggio terapeutico*

Il mezzo principale utilizzato dal mediatore è il linguaggio. Ma si tratta di un linguaggio peculiare, di rara qualità e delicatezza, che non ferisce mai, perché utilizzato con grande empatia, un linguaggio destinato a "guarire" i mali consci e inconsci delle persone in conflitto.

Presentato in questo modo, detto linguaggio può sembrare inaccessibile o idealizzato. Tuttavia, due grandi ricercatori in psicologia, il cui lavoro è diventato famoso per la potenza del suo impatto sulla condizione umana, ci offrono due teorie pratiche complementari per l'uso di questo linguaggio riparatore: l'ascolto non giudicante di Carl Rogers e la comunicazione non violenta di Marshall B. Rosenberg.

*Presupposto 1: il giudizio può impedire di essere se stessi*

Mediare e giudicare sono due azioni diverse. Dal punto di vista etimologico, le due azioni si riferiscono a meccanismi radicalmente opposti. Mediazione deriva dal latino *mediatio*, che significa "mettere in mezzo" e si riferisce all'atto di fungere da intermediario tra le persone. Mentre "giudicare" deriva dal latino *judicare*, che significa "emettere un giudizio, decidere, valutare", e si riferisce a un'azione decisionale per un altro. Le due azioni sono entrambe dirette ad altri, ma la loro intenzione è diversa. Mediare è un atto orizzontale, mentre giudicare è un atto verticale. Il primo simboleggia un atto di cooperazione, il secondo incarna il potere.

"Giudicare" si riferisce all'idea di conformità o non conformità alla norma, alla buona condotta, mentre "mediare" è esente da qualsiasi considerazione di valutazione. In definitiva, comprendiamo che, sebbene queste due azioni cerchino entrambe la pace – la fine del conflitto –, *non si riferiscono alla medesima "pace"; la mediazione ricerca la pace interiore degli individui, il giudizio ricerca la pace sociale per impedire la vendetta.* Pertanto, queste due azioni portano a due esiti del conflitto molto diversi. Nella mediazione, l'esito del conflitto – quando la mediazione ha successo – si concretizza in un memorandum d'intesa che stabilisce le condizioni per una relazione pacifica o per una non-relazione. Il giudizio è una decisione per gli altri, mentre il memorandum d'intesa è una decisione per se stessi. L'impatto sui protagonisti della mediazione e sulle parti in generale è necessariamente diverso: nella mediazione è controllato, perché scelto, mentre nella giustizia statale è incontrollato, perché subito. Nel primo caso, il potere di decidere del proprio destino è lasciato nelle mani del protagonisti della mediazione, nel secondo caso il potere di decidere appartiene a una terza figura, non scelta dalle parti.

La conseguenza è abbastanza logica: davanti a un giudice che deciderà per lui, la persona "giudicata" è tentata di raccontare solo una parte della propria verità per evitare che l'altra parte della verità [la parte dei fatti, le reazioni che per ognuno di noi sono difficili da accettare] venga usata contro di lui nel giudizio. Di fronte a un mediatore, sebbene il rischio di rivelare la parte di verità difficile da accettare possa essere criticato dalla contro-parte, il mediatore l'accoglierà con empatia come un ulteriore "pezzo del puzzle" per costruire il cammino verso la pace (con sé e con l'altro).

### *Presupposto 2: gli esseri umani hanno bisogno di essere in pace con se stessi per essere in pace con gli altri*

Qualsiasi conflitto apre una breccia dentro di sé. Ciò spiega perché la presenza della persona con cui si è in conflitto sia spiacevole da sperimentare. Il mediatore ne è consapevole. Sa che il conflitto destabilizza. Alcune persone vivono le loro relazioni sociali in modo conflittuale. Si potrebbe pensare che abbiano bisogno del conflitto per esistere, per il semplice motivo che non hanno ancora trovato se stessi. Tuttavia, il conflitto ha il pregio di rivelare valori importanti su di sé, il che spiega perché può essere un modo per alcuni di esistere o di conoscere se stessi, rifiutando ciò che non si addice. Come un maieutico nel senso di Socrate, il mediatore aiuterà chi è in conflitto a esprimere, esprimendo con le parole giuste, il "difetto" dentro di sé, i sentimenti, il valore toccato e i bisogni di ciascuno per colmare questa lacuna. Il fattore tempo è cruciale, a condizione che le "parole giuste" vengano seminate nella mente di ogni persona come semi di benessere. È solo quando gli attori della mediazione assumono consapevolezza della propria sofferenza interiore e di ciò che essa rivela, che il loro conflitto interiore può cessare e la relazione con l'altro può guarire.

Per gettare i semi di tale pace interiore negli attori implicati, il mediatore utilizza uno "strumento" profondamente umanista: l'ascolto non giudicante e speculare, ispirato all'opera di Carl Rogers: "L'ascolto privo di qualsiasi giudizio costituisce una potente forza terapeutica senza nemmeno l'intenzione di fornire alcun aiuto. Dà all'individuo un senso di sé, un sentimento di identità"[53].

*"Guarire" attraverso l'ascolto*

Può sembrare sorprendente paragonare un litigante a un paziente in terapia, eppure entrambi hanno una cosa in comune: stanno affrontando un problema relazionale con se stessi. Il conflitto interpersonale o l'incapacità di rispettare una regola sociale di base riflettono una mancanza di adattamento con gli altri, la società e se stessi.

L'approccio terapeutico di Carl Rogers rompe con la prassi consueta basata sulla natura direttiva del colloquio. Carl Rogers è il primo psicologo clinico a praticare la pura maieutica socratica, priva di qualsiasi direttiva o consiglio, poiché riteneva che la chiave del problema del paziente risiedesse in lui stesso. Definisce l'approccio centrato sulla persona "come una filosofia di base piuttosto che una semplice tecnica o metodo, che, quando praticata, aiuta la persona a migliorare lo sviluppo delle proprie capacità"[54]. Poi aggiunge: "Ho sempre potuto contare sul fatto che se riesco a penetrare il guscio, se riesco a raggiungere la persona, ci sarà un nucleo interiore positivo e costruttivo"[55]. Per fare questo, ha sperimentato, sviluppato e concettualizzato una nuova forma di ascolto chiamata "ascolto attivo".

*L'ascolto-specchio*

L'ascolto attivo, come praticato e teorizzato da Carl Rogers, è un ascolto puro in cui l'ascoltatore aiuta l'ascoltato a dare vita al proprio vero sé. *L'ascoltatore ascolta l'ascoltato* senza "pensare" a ciò che viene detto.

È un ascolto senza intenzione, senza particolari aspettative. Tale forma di ascolto è molto difficile da offrire a un altro e richiede una concentrazione e un'abnegazione quasi innaturali. Richiede una profonda comprensione delle questioni in gioco per il benessere della persona ascoltata, nonché una certa esperienza pratica. Per facilitarla, Carl Rogers ha praticato la tecnica della riformulazione o formulazione allo specchio con i suoi pazienti, riformulando fedelmente ciò che la persona ascoltata diceva.

Un tipo di ascolto del genere ha un duplice effetto benefico per l'ascoltatore, il che convalida l'ipotesi di Carl Rogers secondo cui la chiave del benessere del paziente risiede in se stesso.

*Da un lato, nel riudire le sue stesse parole, l'ascoltatore si sente compreso e accettato, il che produce un iniziale effetto calmante. Dall'altro, udendo la sua stessa narrazione sintetizzata, può intravedere nella propria storia le "chiavi" per trasformare il suo percorso e il suo stato interiore.*

Si tratta di un'esperienza impegnativa perché deve essere impeccabile, senza interferenze da parte di chi riascolta le proprie parole e di chi riformula. Anche se queste sconvolgono, annoiano o sembrano incoerenti, nel momento in cui vengono riformulate in maniera speculare, ciò non deve essere percepito. Altrimenti, la persona che riascolta le proprie parole potrebbe percepire un pregiudizio negativo proiettato da chi le ha riformulate dopo averle udite. In altre parole, l'ascolto promosso e praticato da Carl Rogers è puramente altruistico, offerto al paziente affinché possa accedere al proprio sé interiore, affinché possa prendere consapevolezza di sé, grazie all'eco delle sue parole e al suo linguaggio para-verbale. È un ascolto disinteressato e puramente empatico. Insomma, *l'ascolto attivo è focalizzato esclusivamente sull'altro e distaccato da qualsiasi interferenza.*

*L'ascolto attivo nella missione della giustizia*

L'ascolto è essenziale nella missione della giustizia per comprendere la genesi del conflitto, la sofferenza vissuta e i bisogni degli individui per risolverla. Che si tratti di mediazione o di giustizia statale, è uno strumento cruciale.

Mentre i doveri etici del mediatore e del magistrato garantiscono un ascolto imparziale e neutrale e quindi la sensazione di essere ascoltati, il potere e il giudizio del magistrato possono alterare l'ascolto autentico, il vero ascolto.

*L'ascolto attraverso la riformulazione offre, invece, una concreta garanzia dell'imparzialità dell'attore giuridico.* Ciò è possibile nella giustizia statale. Non c'è dubbio che alcuni giudici sappiano come praticarlo e lo facciano già. In controversie altamente tecniche o casi complessi, è senza dubbio più naturale praticare sequenze di "riformulazione-sintesi" per garantire che le affermazioni di tutti siano correttamente comprese. La formulazione di alcune decisioni rese nel merito in questi casi lo attesta. Ad esempio, nel caso "Mediator", la terza parte della sentenza del 20.12.2023, dedicata alla "molecola", spiega la natura e gli agenti della molecola di benfluorex presente nel farmaco contestato. Queste motivazioni della decisione possono essere viste come una riformulazione speculare, poiché i giudici sono desiderosi di rimanere fedeli alla verità scientifica dibattuta dai vari professori chiamati a testimoniare (pp. 261 e ss.).

Più arduo, senza dubbio, è l'ascolto attivo nelle controversie familiari, nelle controversie relative all'intimità (reati sessuali) o alla violenza estrema (terrorismo).

Essendo storie difficili da ascoltare, turbano. Inevitabilmente, chi le ascolta, giudice o mediatore, può reagire intimamente alla storia sia della vittima sia dell'autore dell'atto lesivo. Tanto il giudice quanto il mediatore sono esposti alla medesima difficoltà. L'interferenza con storie delle emozioni di chi riformula può indurre empatia (o simpatia) o rifiuto, che può portare a reinterpretare, valutare moralmente o giudicare internamente, compromettendo la mera riformulazione.

È il famoso "brusio" interno descritto dagli psicologi Daniel Kahneman, Olivier Sibony e Cass. R. Sunstein, che spiega gli errori umani che si possono commettere, in particolare durante il processo decisionale. Tuttavia, il giudice decide per l'altra persona, mentre il mediatore aiuta le parti protagoniste della mediazione a prendere una decisione autonomamente. Il "brusio" interno del mediatore può, nel peggiore dei casi, interrompere la sessione di lavoro, ma non ne influenza il contenuto. Il giudice, d'altra parte, può essere "influenzato" del "brusio", Insomma il "brusio" rischia d'influenzare il giudizio, mentre non ha alcun impatto sull'esito della mediazione.

L'ascolto attivo è ciò che il mediatore pratica nella mediazione. I suoi effetti si decuplicano nelle sessioni plenarie, quando ciascuna delle parti mediate beneficia della riformulazione. In questo modo, ognuna di loro può ascoltare la verità riformulata dell'altra e intraprendere il proprio viaggio interiore per raggiungerla.

*Un ascolto a servizio di una trasformazione individuale*

Ricordiamo che l'obiettivo dell'ascolto non giudicante e rispecchiato è di promuovere le capacità trasformative nella persona che si riascolta. Quindi, se dovessimo trasporlo al magistrato – che interroga un genitore che ha abusato del proprio figlio –, questi potrebbe concludere la sessione con una domanda "di non-potere" come: "Secondo lei, quali sarebbero le condizioni per una relazione che rispetti l'integrità fisica di suo figlio? Cosa ne pensa di un accompagnamento che la aiuti a riprendere il controllo sul suo desiderio e sulla sua libido?".

Se trasponiamo l'ascolto non giudicante al magistrato – che interroga una persona protagonista di un atto di terrorismo religioso –, questi potrebbe concludere l'udienza con una domanda "di non-potere" del tipo: "In che modo lei potrebbe mai dare un senso alla sua vita sulla terra, rispettando la sua fede e la non-fede degli altri?".

Infine, se trasponiamo l'ascolto non giudicante al magistrato – che interroga una persona accusata di un atto disonesto commesso per massimizzare il proprio guadagno, successo o fama, a scapito di una o di una moltitudine d'individui –, questi potrebbe concludere l'udienza con una domanda "di non potere" quale: "Come farebbe per mettere la sua intelligenza al servizio di una causa altruistica che le sta a cuore?".

# 2. La comunicazione non violenta di Marshall B. Rosenberg

*Tradurre la violenza in bisogni*

L'intera opera di Marshall B. Rosenberg, inclusi il lavoro sul campo e la teoria, è consistita nel tentativo di tradurre la violenza verbale o fisica in bisogni concreti che l'autore della violenza possa esprimere con parole semplici e sincere per sfuggire alla violenza stessa. Uno dei messaggi più potenti del suo insegnamento è che la violenza verbale può essere distruttiva quanto la violenza fisica. La differenza è che, poiché la prima non è evidente, non è né socialmente identificata né legalmente condannata, mentre la violenza fisica è socialmente repressa e legalmente condannata. La violenza fisica può diventare una reazione difensiva alla violenza psicologica. Ecco perché le "parole" costituiscono la chiave per guarire da ogni forma di violenza. Inoltre, attraverso una vita di mediazione in un'ampia varietà di contesti di conflitto, che vanno dalla scuola, alla vita familiare e domestica, ai luoghi di scontri armati tra gruppi etnici, ha scoperto che la violenza è
"in definitiva sempre la tragica espressione dei nostri bisogni insoddisfatti". Questa frase, ormai famosa, riassume l'intera filosofia della comunicazione nonviolenta, un metodo che ha sviluppato e gradualmente perfezionato nel corso della sua vita come psicologo, mediatore o praticante di comunicazione nonviolenta.

*Dal rifiuto all'accettazione dell'alterità*

La comunicazione nonviolenta è una forma di comunicazione "pragmatica" il cui obiettivo è trasformare una discussione tra persone che si rifiutano di collaborare in una in cui accettano di cooperare. Per creare questo "ponte" tra persone che rifiutano o non ascoltano, Marshall B. Rosenberg ha ideato un metodo di comunicazione basato su quattro punti: l'osservazione fattuale, l'espressione di sentimenti (emozioni), l'espressione di bisogni o interessi e la formulazione di una richiesta volta a soddisfare il bisogno o l'interesse identificato.

Ha osservato che, per essere costruttiva, la discussione deve basarsi su elementi oggettivi (fatti) e su elementi soggettivi rivolti a se stessi (bisogni, interessi, sentimenti) e non all'altro[56]. Ciò che distrugge la discussione è quando le persone confondono i sentimenti con le rappresentazioni dell'altro, il che alimenta rimproveri, critiche, odio, ecc. Parole giudicanti e valutative rivolte agli altri possono essere vissute come una forma di violenza insidiosa e psicologica per chi le riceve.

Indipendentemente dalla natura del conflitto (familiare, professionale, violenza urbana, conflitto etnico, ecc.), la discussione non può unire le persone finché rimangono bloccate in una "rappresentazione dell'altro" e finché si rifiutano di vedere l'impatto del proprio comportamento e delle proprie parole sull'altro.

In altre parole, la comunicazione non violenta è uno strumento per liberarsi dalla propria violenza, intesa come "espressione brutale dei sentimenti"[57] e dal rifiuto dell'altro.

### *L'attitudine empatica dell'ascoltatore*

Proseguendo il lavoro di Carl Rogers, che era stato il suo supervisore di dottorato, Marshall B. Rosenberg sviluppò un metodo di ascolto empatico per coloro che agiscono come mediatori terzi in un conflitto, il cui obiettivo è decifrare i sentimenti e i bisogni di chi ascolta. Seguendo le raccomandazioni di Carl Rogers, Marshall B. Rosenberg spiega che ascoltare con empatia "richiede uno stato di vuoto di tutte le facoltà"[58]. Secondo lui, "c'è empatia solo quando riusciamo a mettere da parte tutti i pregiudizi e i giudizi su di loro". Mette in guardia dalla falsa empatia, quella espressa attraverso consigli o giudizi, anche quelli basati su intenzioni altruistiche. Basandosi sul precetto buddista "non limitarti ad agire, sii presente", Marshall B. Rosenberg distingue chiaramente l'empatia dalla simpatia. L'empatia è una qualità di presenza e ascolto dell'altro, che richiede di svuotare la mente per ascoltare l'altro senza interferire con se stessi, mentre la simpatia è una risonanza con ciò che l'altro sente.

*Ascoltare qualcuno con empatia significa sentire oltre le parole: ciò che osserva (O), ciò che sente (S), il bisogno che esprime (B) e ciò che chiede (D)*

È molto arduo, ma con la pratica può diventare molto naturale. Ciò che è più complicato, persino controintuitivo, è riuscire a decifrare questi quattro punti, e in particolare i bisogni[59], "indipendentemente da come vengono espressi"[60], anche quando il comportamento o le parole sono aggressivi, giudicanti o persino violenti. Anche dire "no" riflette un bisogno che impedisce di dire di sì a una richiesta.

Cerchiamo di mettere in pratica questo insegnamento della CNV esaminando ciascuno dei punti del metodo attraverso tre situazioni di conflitto: una separazione all'interno di una coppia, una molestia istituzionale all'interno di un'azienda o di un'istituzione pubblica, o un problema di inquinamento regionale (come le alghe verdi in Bretagna).

*a) Osservare in modo fattuale senza valutare*

Il primo componente della CNV è separare l'osservazione dalla valutazione, altrimenti l'altra persona rischia di interpretarla come un attacco personale e di difendersi.

Come afferma Marshall B. Rosenberg, "Posso accettare che tu mi dica cosa ho fatto o non ho fatto. E posso accettare le tue interpretazioni, ma per favore non mescolare le due cose"[61]. Egli spiega che l'interpretazione porta a confusione e può essere dannosa, poiché l'altra persona rischia di percepirla come una critica. Cita il filosofo indiano J. Krishnamurti: "Osservare senza valutare è la forma più alta di intelligenza umana".

È difficile osservare le persone e il loro comportamento senza interporre giudizi, critiche o qualche altra forma di analisi. Nelle relazioni umane, osservazione e interpretazione si intrecciano insidiosamente e seminano i semi del conflitto, sia interpersonale che collettivo. Mentre l'osservazione fattuale oggettiva può essere verificata da una terza parte, cosa che l'osservazione soggettiva non può.

*Applicazione*

"L'uccello si appollaia su un ramo" è un'osservazione fattuale che esprime ciò che vedo e non può essere confutata da qualcuno che osserva la stessa cosa.

Al contrario, se dico "l'uccello sembra stanco perché si appollaia su un ramo", mi allontano dall'osservazione fattuale e oggettiva per esprimere un'interpretazione soggettiva del comportamento animale. Ma ho verificato che sia stata effettivamente una sensazione di stanchezza a spingere l'uccello ad appollaiarsi sul ramo?

*b) L'espressione dei sentimenti: "sento"*

Tale seconda componente della CNV è importante perché richiede un'espressione sincera, essenziale per entrare in contatto con le persone. Marshall B. Rosenberg spiega che esprimere i propri sentimenti significa "parlare con il cuore" usando il pronome "io" e non "tu". Pare semplice, ma il più delle volte esprimiamo ciò che pensiamo o ciò che crediamo di essere, o ciò per cui rimproveriamo gli altri, e non i nostri sentimenti o le sensazioni del nostro corpo.

Il vocabolario affettivo è tuttavia ricco e ha il grande potere di connetterci con gli altri, perché sentimenti ed emozioni sono universali, mentre il pensiero è unico per ogni individuo. E molto spesso, le persone esprimono i torti che rimproverano agli altri invece di esprimere i propri sentimenti e i propri bisogni. Tutti noi notiamo che l'espressione dei sentimenti non è molto comune, soprattutto in una società che valorizza la riflessività e il pensiero. Questo spiega perché non abbiamo sviluppato il nostro vocabolario emotivo. Il genio di Marshall B. Rosenberg sta nell'aver scoperto il legame tra bisogno ed emozione. Nel suo libro, fornisce un elenco di ciò che proviamo quando i nostri bisogni non vengono soddisfatti e un elenco di ciò che possiamo provare quando i nostri bisogni vengono soddisfatti:

1. Possiamo sentirci: divertiti, commossi, calmi, affascinati, fiduciosi, curiosi, protetti, abbagliati, rilassati, felici, interessati, gioiosi, leggeri, liberi, ottimisti, spensierati, appassionati, sereni, sorpresi, pieni d'amore, pieni di calore, pieni di energia, pieni di gratitudine, speranza, tenerezza...
2. Al contrario, possiamo sentirci: stanchi, esausti, sopraffatti, infastiditi, ansiosi, feriti, confusi, colpevoli, scoraggiati, spaventati, destabilizzati, impauriti, fragili, inorriditi, preoccupati, gelosi, pessimisti, sensibili, storditi, preoccupati, pieni di pietà, avversione, aggressività, odio...

*Applicazione in una relazione uomo-donna sul posto di lavoro*

La Sig.ra Y si sente molestata da un collega e lo esprime con queste parole: "Il Sig. X è un predatore che si comporta in modo inappropriato con le donne (valutazione/giudizio) perché mi squadra da capo a piedi (osservazione fattuale) e mi molesta (qualifica mutuata dalla valutazione) con i suoi messaggi insistenti".

Si tratta di una riflessione e non fattuale, che combina osservazione, interpretazione e valutazione personale.

Il mediatore può riformulare la frase nella seguente osservazione fattuale: "Lei osserva che il Sig. X le ha inviato numerosi messaggi ultimamente (O), fuori dall'orario di lavoro, e l'ha guardata insistentemente in diverse occasioni (O), il che l'ha fatta sentire a disagio e insicura (S)."

*Applicazione in una situazione di difficoltà sul lavoro per motivi di budget*

Il dipendente: "L'amministrazione non è a conoscenza di quello che stiamo facendo, ci chiede sempre di più. È inaccettabile. A causa di questa logica di efficienza, commettiamo errori umani anche se è colpa loro." Tale frase combina percezione soggettiva e osservazione.

Ecco le possibili trascrizioni da parte del mediatore: "Noti che c'è una carenza di attrezzature nel tuo reparto (elenchi A, B, C), il che ti costringe ad andare a prenderle nel reparto successivo, sprecando così tempo nell'assistenza (A', B', C')". Oppure: "Quello che stai cercando di esprimere è che ami questo lavoro per il suo scopo altruistico, ma non ti senti supportato dall'amministrazione, nonostante ti sforzi di fare del tuo meglio. Sei molto arrabbiato, scoraggiato e preoccupato per il futuro del tuo lavoro, date le richieste e le restrizioni di bilancio imposte dai tuoi superiori".

Una formulazione del genere combina osservazioni concrete e un'espressione fedele dei sentimenti del dipendente.

*Applicazioni in un conflitto coniugale*

Il partner: "Dai priorità al tuo lavoro rispetto alla tua famiglia. Sono sempre stato io ad assumermi la responsabilità di crescere i figli e gestire la famiglia, mentre tu lavoravi per te stesso e raccoglievi riconoscimenti professionali. Non hai mai fatto niente per noi...", una critica che potrebbe essere percepita come violenza.

Eccone la rivisitazione possibile del mediatore: "Quello che intendi è che ti senti solo e abbandonato (S) quando il tuo partner è assente per lunghi periodi per impegni professionali (O). Ti senti stanco di dover gestire la famiglia da solo e sottovalutato in questo compito, il che ti fa arrabbiare (S)".

Il compagno: "Sì, ma mi stai dando fastidio, i bambini sono rumorosi e molesti". Si tratta di una formulazione venata di rimprovero e quindi violenta nei confronti del destinatario, che potrebbe essere tradotta così dal mediatore: "Quello che intendi è che ami viaggiare, incontrare persone, l'avventura e l'azione che il tuo lavoro ti offre. Quando sei a casa, non sai come renderti utile e hai difficoltà a riposare a causa del rumore fatto dai bambini".

Una modalità del genere trascrive "l'io", permettendoci così di esprimere, senza violenza e con totale sincerità e autenticità, "la verità interiore" di ciascuna parte in conflitto.

In queste formulazioni, vediamo emergere un forte legame tra le emozioni di preoccupazione, rabbia e stanchezza e i bisogni di sicurezza, rispetto, riconoscimento e calma. Il ponte tra emozione e bisogno è la catarsi, il punto di svolta nella transizione da un conflitto alla sua risoluzione.

### *c) Esprimere bisogni e richieste concrete*

#### *Esprimere bisogni*

L'espressione dei bisogni è un passaggio difficile perché molto spesso non siamo nemmeno consapevoli delle nostre necessità essenziali. Conoscere i nostri bisogni richiede la conoscenza di sé, cosa non così naturale nella nostra società. Scuole e università impartiscono le conoscenze necessarie per adattarsi agli altri, nutrire la mente, risvegliare le coscienze, sviluppare la riflessione ed esercitare una professione nel rispetto dell'etica. Si tratta di un'immensa opportunità. Ma la conoscenza di sé non è qualcosa che si può trasmettere: richiede un periodo di introspezione, che non è un processo abituale. Eppure, è liberatorio e necessario per vivere in modo appagante con se stessi e con gli altri.

Quando diventiamo consapevoli dei nostri bisogni più profondi, siamo maggiormente in grado di condurre una vitaorientata alla loro soddisfazione e al raggiungimento dell'autorealizzazione, non in termini di successo sociale, ma di autorealizzazione. Teniamo presente che i nostri bisogni possono evolversi nel tempo, naturalmente, e che riflettono il nostro sistema di valori.

*Una panoramica dei bisogni umani fondamentali*

Nel suo libro, Rosenberg elenca un elenco non esaustivo di bisogni fondamentali specifici della specie umana:

1. Il bisogno di autonomia, che si esprime come libertà di scegliere i propri sogni, progetti di vita e valori.
2. Il bisogno di celebrazione: il lutto per i propri cari, progetti realizzati, ambizioni frustrate, ecc.
3. Il bisogno di integrità: include autenticità, creatività, autostima e ricerca di significato.
4. Il bisogno di interdipendenza: include accettazione, amore, calore, comprensione, fiducia, sensibilità, empatia, sincerità, vicinanza, sicurezza materiale o emotiva, supporto, ecc.
5. Il bisogno di gioco: risate e divertimento.
6. Il bisogno di comunione spirituale: include la ricerca di bellezza, armonia e pace (e aggiungeremo la ricerca della trascendenza).
7. I bisogni fisiologici: includono riparo, aria, acqua, cibo, riposo, contatto fisico, espressione sessuale, movimento ed esercizio fisico.

Una volta identificato il bisogno di sé, si è più in grado di formulare un una richiesta genuina, incarnata e sincera che soddisfi quell'esigenza. È una richiesta raffinata e personalizzata.

### *Applicazioni: conflitto regionale causato dall'inquinamento (tipo "alghe verdi"[62])*

Un'associazione per la protezione dell'ambiente esprime così la sua opinione: "L'allevamento e l'agricoltura in Bretagna stanno distruggendo il nostro patrimonio naturale (responsabilità, illeciti). Il rilascio di pesticidi e nitrati nel suolo (O) sta portando alla proliferazione (osservazione non del tutto oggettiva, poiché potrebbero esserci altri fattori) di alghe verdi nei fiumi e nelle spiagge della regione, che, disintegrandosi, rilasciano un prodotto tossico per gli esseri viventi, gli animali e l'uomo. Agricoltori e allevatori ci stanno avvelenando. Dobbiamo fermare l'agricoltura intensiva e sviluppare altre forme più rispettose dell'ambiente."

Possibile traduzione del mediatore: "Di fronte alla constatazione della proliferazione di alghe verdi nelle acque della Bretagna (O), siete preoccupati sia per la salute umana che per la salvaguardia dell'ambiente (S). Avete bisogno di speranza e sicurezza per le generazioni presenti e future in Bretagna (B). Vi chiedete in che misura questo inquinamento sia legato ai metodi di allevamento e agricoltura della regione e quali azioni ogni attore (comune, agricoltore, volontario, ricercatore) potrebbe intraprendere per arginare tale inquinamento (D)".

Ecco invece le parole degli agricoltori e allevatori: "Siamo sempre noi i colpevoli, anche se il nostro lavoro è difficile ed essenziale perché diamo da mangiare alle persone. Lavoriamo molto per una miseria e non riceviamo alcun riconoscimento. E ci accusate anche di inquinare la Bretagna, anche se amiamo questa regione; siamo bretoni quanto voi! È semplice: se continuate a chiamarci inquinatori e avvelenatori, distruggeremo tutto!".

Il mediatore traduce: "Siete arrabbiati e feriti da queste accuse (S). Lavori duramente per provvedere ai bisogni primari degli abitanti della regione (O) e vorresti essere riconosciuto per la carriera che hai scelto (B). Il tuo lavoro ti lascia poco riposo e tempo libero (O). Ami anche la tua regione e sei preoccupato per il suo futuro (S). Hai bisogno di solidarietà (B). Chiedi un aiuto collettivo per trovare un modo per continuare la tua attività, garantire condizioni di vita dignitose e limitare al contempo il tuo impatto sull'ambiente (D)".

Dal canto suo, l'industria alimentare sostiene: "La concorrenza sui mercati è agguerrita, lo sai. Cerchiamo di offrire il miglior prezzo ai consumatori. Dobbiamo considerare il potere d'acquisto dei francesi, la concorrenza internazionale che ci minaccia e mantenere le migliaia di posti di lavoro nel nostro settore. L'inquinamento causato dalle professioni agricole non è una nostra responsabilità. Ci sono professioni non inquinanti e altre che hanno necessariamente un impatto sull'ambiente. Non possiamo screditare le professioni agricole perché hanno un impatto sull'ambiente, altrimenti cosa succederebbe? Queste professioni scompariranno in Francia e dovremo rifornirci altrove, e credetemi, l'erba del vicino è ancora più verde dall'altra parte del pianeta".

Il mediatore traduce: "Siete inquieti per la concorrenza straniera nel settore agricolo (S), perché minaccia seriamente il futuro del settore agricolo e l'occupazione in Francia (O). L'esigenza è di mantenere un settore efficiente e competitivo (B). A vostro avviso, il problema dell'inquinamento è una questione di politica pubblica e non dovrebbe essere a carico dei professionisti. La richiesta è rivolta ai politici affinché adottino misure a sostegno degli agricoltori (D)".

*Sintesi*

La comunicazione non violenta propone una comunicazione incentrata "sull'io", che evita qualsiasi giudizio sull'altra persona e calma le discussioni. Per raggiungere l'obiettivo, Marshall Rosenberg propone un metodo di discussione concreto basato su quattro punti: ciò che osservo; ciò che sento; ciò di cui ho bisogno; e ciò che chiedo.

La CNV trova posto ovunque, in tutti i forum di discussione e interazione tra persone diverse: questo include coppie, famiglie, relazioni sul posto di lavoro, conflitti economici e di politica pubblica, partnership economiche tra entità diverse con interessi diversi, ecc. L'universalità del metodo è senza dubbio la fonte del genio di Marshall Rosenberg.

*La CNV in tribunale*

Il tribunale è un terreno fertile per la comunicazione violenta, poiché il giudice ascolta le accuse delle parti e decide sulle loro responsabilità civili, penali e amministrative. Il processo di scambio e il suo esito sono, per definizione, violenti. Un magistrato che pratica la CNV potrebbe risolvere un conflitto in tempi record. Gli basterebbe tradurre in linguaggio CNV i fatti, i sentimenti, i bisogni e le richieste di ciascuna parte.

# 3. L'intelligenza multipla di Howard Gardner

## *La nozione di "intelligenza" secondo Howard Gardner*

Dopo molti anni di ricerca empirica e multidisciplinare dedicata al potenziale umano, Howard Gardner, professore di psicologia all'Università di Harvard, insieme a un team di ricercatori di diverse discipline, ha scoperto che esistono diverse forme di intelligenza per acquisire lo stesso apprendimento. Oltre all'intelligenza logico-matematica e linguistica – le forme di intelligenza più apprezzate nella nostra società[63] – esistono altre forme di cognizione (nel senso di abilità) per "risolvere i problemi incontrati, possibilmente creando un prodotto nuovo ed efficace"[64]. La definizione di intelligenza è quella che l'autore cerca di superare, dimostrando che alcune forme di intelligenza non sono necessariamente destinate a risolvere nuovi problemi. Preferisce quindi definire l'intelligenza come "potenziale" o saper eseguire un'azione[65]. Il concetto di performance è completamente assente da questo approccio all'intelligenza.

La teoria delle intelligenze multiple ha molte applicazioni pratiche, in particolare nel campo dell'istruzione, ma non solo. Di fronte a un problema complesso e inedito, la teoria delle intelligenze multiple dimostra che il potenziale umano è multiforme e che è possibile risolverlo combinando diverse capacità precedentemente mobilitate in modo compartimentato. Abbattere le barriere tra le diverse forme di intelligenza per considerare una nuova situazione: questa è la lezione che possiamo trarre dal lavoro di questo grande ricercatore. Applicata all'azione legale, la mobilitazione delle intelligenze multiple ci permette di comprendere tutte le dimensioni di un problema e di risolverlo creando una soluzione personalizzata e duratura.

*Intelligenze utili per la risoluzione dei conflitti*

Tra le otto forme di intelligenza identificate dal ricercatore, alcune sembrano particolarmente utili da mobilitare per la pacificazione o la risoluzione dei conflitti.

La prima è ovviamente la "intelligenza linguistica", che non si riferisce all'uso del linguaggio nella sua forma abituale, ma in una forma esacerbata. L'intelligenza linguistica considerata dal ricercatore è quella del poeta e dello scrittore, che dimostrano una grande "sensibilità linguistica"[66], sfruttando le sottili sfumature del linguaggio e consentendo loro di raggiungere un vasto pubblico in termini di significato, convincendo, piacendo e seducendo. L'aspetto retorico ed esplicativo del linguaggio fa parte dell'intelligenza linguistica.

Poi ci sono le due intelligenze personali che ci permettono di comprendere noi stessi e gli altri con particolare acutezza perché abbracciano la dimensione emotiva dell'esistenza.

Da un lato, c'è la "intelligenza intrapersonale", che è rivolta verso l'interno, implica l'introspezione e ci permette di "raggiungere una profonda comprensione della nostra vita emotiva".

Dall'altro, c'è la "intelligenza interpersonale", che è un'intelligenza rivolta verso l'esterno che ci permette di decifrare "gli stati d'animo, i temperamenti, le motivazioni e le intenzioni degli altri"[67]. Se la terza parte, giudice o mediatore, desidera essere coinvolta nella risoluzione di un conflitto, dovrà mobilitare la propria intelligenza interpersonale e intrapersonale per comprendere appieno sia ciò che sta accadendo all'interno di ciascuna parte in conflitto, sia ciò che sta accadendo dentro di sé, al fine di mantenere la propria neutralità.

Dovremmo anche menzionare la "intelligenza esistenziale", che l'autore definisce come la ricerca della saggezza, la ricerca di significato. Il prisma può aiutare la terza parte, giudice o mediatore, a collegare le persone attraverso la loro riflessione sulla vita e l'esistenza di valori condivisi che trascendono le divisioni d'interessi pratici.

Infine, citiamo la "intelligenza logico-matematica", che combina ragionamento e intuizione. Se il conflitto è visto come un problema complesso da risolvere con diverse incognite, l'intelligenza logico-matematica ci permette di sfruttare il potere dell'intuizione, la capacità di sintesi e la creazione di nessi causali tra le informazioni fornite durante le sessioni di lavoro per trovare una soluzione. A nostro avviso, questa forma di intelligenza è essenziale per portare avanti una missione di pace con talento e intuizione.

### *Avvertenza*

A questo punto, riteniamo utile esplorare due aspetti dell'intelligenza per l'azione di pace: la "comprensione delle emozioni" che si esprimono in qualsiasi conflitto, da un lato (A), e la "creatività", che riteniamo sia lo scopo di tutte le forme di intelligenza e che potrebbe restituire significato alla missione di pace della giustizia statale (B).

### *A. Cos'è l'emozione?*

#### *Presupposto: l'intelligenza razionale è necessaria, ma non sufficiente*

Molti pensatori, filosofi e studiosi hanno elogiato la ragione e screditato il ruolo delle passioni, che possono essere la causa di molti eccessi nelle relazioni umane. La conoscenza, la riflessione, il ragionamento e il pensiero divergente contribuiscono innegabilmente all'espansione della conoscenza e al progresso della condizione umana.

Tutti, nella propria vita e nella propria professione, si trovano ad affrontare situazioni o problemi complessi da risolvere e scelte difficili da fare. L'analisi, l'elaborazione rapida delle informazioni, il ragionamento e l'uso corretto del linguaggio sono essenziali per assolvere e combinare le diverse responsabilità che una persona può assumere nella propria vita. L'origine latina di intelligenza – *intellegere* – si riferisce alla funzione cognitiva, "l'atto di comprendere". La comprensione è il passaggio preliminare essenziale prima di risolvere un problema che ci troviamo ad affrontare. Allora perché proviamo sensazioni? Perché la natura ci ha dotato anche di cinque sensi? Comprendiamo anche attraverso i nostri sensi?

Se confrontiamo le scoperte delle neuroscienze, della psicologia e della filosofia, riscontriamo un consenso. I loro rappresentanti concordano su un punto: la dicotomia del funzionamento del cervello umano. Il nostro comportamento nasce da un dialogo tra ciò che comprendiamo e ciò che sentiamo, tra la neocorteccia e i sistemi limbico e rettiliano, tra intelligenza razionale e intelligenza emotiva, tra ragione ed emozione. E ogni essere umano ha bisogno di mobilitare entrambi i suoi "sistemi" d'intelligenza[68] per prendere le decisioni migliori per sé e per i propri cari nel proprio ambiente. (sociale, naturale, affettiva, ecc.).

Antonio Damasio, neurologo, è interessato al ruolo delle emozioni nei processi cognitivi. Ha studiato in particolare il comportamento di pazienti con lesioni al lobo frontale. In uno di questi lavori, cita l'esempio di un paziente di nome Eliott che, a seguito di un intervento chirurgico al cervello, mostrava un eccessivo controllo emotivo, che gli impediva di prendere decisioni appropriate e di modificare il suo comportamento sociale. La sua incapacità di provare ed esprimere le proprie emozioni aveva compromesso i suoi processi di ragionamento e decisionali[69]. Oggi, potremmo quindi integrare la famosa citazione di Cartesio, "Penso, dunque sono", con la formula "Penso, e sento, dunque sono". A meno che l'autore non la includesse nell'atto del pensare specifico degli esseri umani attraverso il suo riferimento al "senso comune, la cosa più abitualmente condivisa"[70].

La nozione di "senso comune" andrebbe quindi oltre l'uso della sola ragione, facendo appello a quest'altro modo di comprendere, di apprendere il mondo, più intuitivo e raramente fuorviante, come il "sentimento".

Ma il sentimento non basta; è la capacità di spiegare ciò che si sente o ciò che gli altri sentono che definisce l'intelligenza emotiva.

*Cos'è l'intelligenza emotiva?*
*Conoscenza di sé, comprensione degli altri*

Ecco l'intelligenza che purtroppo non viene sempre insegnata nelle nostre scuole, ma che la scuola della vita ci insegna. È l'intelligenza che potenzia l'intelligenza razionale e logica, l'intelligenza così apprezzata dal nostro mondo occidentale. Alcuni diranno che "è l'intelligenza del cuore", credendo interiormente che l'intelligenza razionale sia più onorevole perché conduce al successo, questa nuova "religione" sociale. Gli orientali e i popoli delle società olistiche diranno che l'intelligenza del cuore e della mente garantisce la sostenibilità del gruppo, mentre l'intelligenza razionale preserva l'individuo e lo porta a grandi altezze.

Oggi, abbiamo la fortuna di poter comprendere questa attitudine umana grazie ad alcune ricerche psicologiche, in particolare alla tesi di Daniel Goleman[71]. *L'intelligenza emotiva potrebbe essere riassunta come la scienza dell'empatia verso se stessi e gli altri.* Si riferisce alla capacità di comprendere gli altri, ciò che stanno vivendo, attraversando e provando, e persino di intuire e percepire cosa potrebbe confortarli in una situazione spiacevole. L'autore spiega che questa gestione degli altri richiede, soprattutto, un grande autocontrollo ed empatia. Pertanto, l'intelligenza emotiva si manifesta spesso attraverso la disinvoltura interpersonale: ciò richiede di sentirsi a proprio agio con se stessi, di avere una visione chiara di sé, di essere consapevoli e accettare i propri punti di forza e i propri limiti, con distacco, umorismo e tenerezza verso se stessi, se necessario. Tale disinvoltura, se sincera e altruistica – nel senso che non cerca di essere al centro dell'attenzione, ma di diffondere quella luce – è contagiosa. Essere a proprio agio mette a proprio agio.

Qualsiasi situazione di conflitto crea disagio. Questo disagio è talvolta palpabile nel comportamento di alcuni individui oggetto di mediazione. Al contrario, può essere mascherato dall'esagerazione altrui. La calma del mediatore è importante e deve rimanere costante durante tutto il processo. L'intelligenza emotiva del mediatore sarà messa alla prova da molte situazioni comuni di mediazione: strategie di seduzione, intimidazione o emozioni esplosive, silenzi e stalli nelle discussioni. Laddove alcuni potrebbero essere sconcertati da reazioni violente o proteggersi con "giudizi", il mediatore saprà leggere oltre le apparenze, cercando di decifrare le emozioni e i bisogni insoddisfatti più o meno nascosti negli individui. Ciò include la capacità di accogliere senza giudizio, di comprendere ciò che stanno vivendo, i bisogni o le "verità nascoste" dietro le parole che esprimono, per trarne le parole vere, accurate e utili per risolvere la crisi.

L'intelligenza emotiva presuppone una buona comprensione di sé: delle proprie debolezze, dei propri punti di forza e del proprio scopo, e di conoscere e accettare i propri limiti. Da dove nasce questa conoscenza di sé? Dall'esperienza e dalla consapevolezza del proprio io interiore.

In una situazione di tensione, l'intelligenza emotiva si manifesta attraverso la capacità di analizzare rapidamente le proprie emozioni, capire cosa le scatena e riconnettersi con il proprio equilibrio interiore. Umorismo: questo ospite inaspettato ma gradito non solo aiuta ad alleviare la pressione, ma unisce anche le persone: una risata condivisa è un'emozione condivisa. Infine, l'intelligenza emotiva è la qualità ricercata nei leader delle grandi aziende; i leader si caratterizzano per la capacità di unire le forze e prendere decisioni con una certa distanza e rilassatezza che ispira fiducia nell'esercizio di elevate responsabilità. Chi non penserebbe a Barack Obama dietro un simile ritratto?

Affidare a un mediatore la risoluzione di una crisi è una responsabilità importante: il mediatore deve esserne consapevole senza "tremare" di fronte alla complessità del compito. Non tremerà se affronterà il problema con questi tre presupposti:

1. Vivere ciò che deve essere vissuto durante le sessioni.
2. Avere fiducia nel mediato e nelle sue risorse.
3. Avere fiducia nelle proprie risorse.

*L'emozione: una reazione*

L'intelligenza emotiva sa decifrare le emozioni. Ovvio, la giustizia statale non è estranea alle emozioni; i processi sono sempre il teatro delle passioni umane e offrono un palcoscenico per l'espressione della gamma di emozioni. L'effetto catartico della liberazione delle emozioni, ben noto nella tragedia greca[72], esiste tanto nei processi quanto nella mediazione.

*La differenza è che, nella mediazione, l'espressione delle emozioni è un passo ricercato nel processo di trasformazione, perché l'emozione è considerata un elemento chiave dell'appeasement. Perché?*

*Le emozioni non ingannano.* Al contrario delle parole, che possono nascondere un'intenzione verso gli altri, le emozioni sono necessariamente un'espressione spontanea di sé, senza alcuna intenzione. L'emozione è una reazione neurale e chimica che ora è spiegata dalle neuroscienze. Si pensa che sia una reazione a un evento – stimolo – esterno a noi stessi (una parola, un gesto di qualcuno) o interno a noi stessi (un pensiero, un'interpretazione, una percezione della realtà) elaborato dal nostro sistema limbico (amigdala e ippocampo), che innesca il rilascio di alcune molecole che agiscono sul sistema neurale che, in ultima analisi, determina il nostro comportamento[73].

Il legame tra emozione e comportamento è importante e rimanda all'etimologia latina della parola: *movere*, mettere in moto. Se ci prendiamo il tempo di osservare cosa succede dentro di noi quando un'emozione ci attraversa, cosa notiamo? L'immediatezza. Che si tratti di una risata per una storia divertente, di lacrime di tristezza dopo un'esperienza, del racconto di una tragedia o di una smorfia di disgusto, vediamo che l'emozione segue l'uso dei nostri sensi e dei nostri pensieri (interpretazione, ricezione) a una velocità di cui non siamo consapevoli. Solo prendendoci il tempo di comprendere e analizzare l'emozione che ci ha appena attraversato possiamo spiegarne le origini. *È un segnale inviato dal nostro inconscio per attirare la nostra attenzione su ciò che sta accadendo dentro di noi.*

L'emozione ci salva perché esprime ciò che è profondo dentro di noi, che a volte sfugge persino alla nostra consapevolezza e lucidità. Questo spiega perché la paura ha sempre garantito la conservazione della specie umana, poiché ci rivela i pericoli che possono metterci in pericolo. La paura è una reazione immediata al pericolo che ci indica in faccia. La neocorteccia ci permetterà quindi di costruire una soluzione, un rimedio per proteggerci.

Nella mediazione, l'emozione è un catalizzatore di verità: è l'ingranaggio del processo di pace, perché le emozioni consentono l'espressione più autentica di ciò che percepiscono le parti in causa. Mentre i protagonisti della mediazione non sempre sanno come "decifrare" le proprie emozioni o addirittura identificarle, il mediatore, essendo esterno a loro e un osservatore neutrale, sarà in grado di identificarle, identificarle, invitare le parti mediate a "prenderne consapevolezza" e decifrarle.

Nella giustizia dello stato, le emozioni vengono inevitabilmente espresse in camera di consiglio o in udienza, se le parti non hanno paura di esprimerle, di mostrarle al giudice o all'altra parte. Tuttavia, la comprensione delle emozioni è diversa nei due processi giudiziari: nella mediazione, l'emozione non è in alcun modo espressione di fragilità, ma di un bisogno insoddisfatto/soddisfatto. Il mediatore sa interpretarla senza connotazioni psicologiche o sociologiche. L'emozione lo aiuterà a comprendere ciò che la parte mediata sta vivendo e di cosa ha bisogno per ritrovare la pace interiore. Userà la sua intelligenza emotiva per tradurre queste emozioni. Nella giustizia, l'emozione è un fattore specifico degli esseri umani, esterno al diritto, la cui comprensione dipende dalle qualità umane e psicologiche del magistrato e degli avvocati. Tradurre le emozioni in bisogni potrebbe rivelarsi utile per formulare le richieste legali in modo più accurato.

*L'emozione, rivelatrice di bisogni*

Il passaggio dall'emozione al bisogno è la traduzione ragionata di ciò che proviamo. Questa fase di "traduzione" è essenziale per godere appieno della nostra vita emotiva, senza subirla. Avete mai avuto l'esperienza di dare un nome a un bisogno profondo di cui non eravate nemmeno consapevoli? È liberatorio.

Detto sforzo è fondamentale per conoscere e comprendere noi stessi, e quindi agire per adattare il nostro essere alla vita che più ci si addice.

Le nostre emozioni indicano la strada da seguire perché possono riflettere bisogni soddisfatti o insoddisfatti. Nella mediazione, l'espressione delle emozioni è fondamentale, poiché annuncia gli ingredienti del futuro accordo relazionale o non relazionale. La sfida sta nel saperli decifrare. L'intelligenza emotiva del mediatore è essenziale, in primo luogo, per percepirle, nominarle e "tradurle" in bisogni concreti, il che può richiedere "tentativi" di avvicinarsi ai bisogni specifici di ogni persona e, possibilmente, di stabilire le priorità. Utilizzare giochi di carte corrispondenti a emozioni e bisogni può aiutare le persone coinvolte in un conflitto a identificare chiaramente i propri[74].

In un conflitto, finché le persone sono in uno stato emotivo, è difficile procedere per "purificarlo", perché ognuno crede di essere vittima dell'altro e quindi si rifiuta di riconoscere o accogliere le emozioni altrui. Ognuno può concentrarsi sulle proprie. Il passaggio dall'emozione al bisogno è illuminante per tutte le parti coinvolte nel conflitto. Ognuno riprende il controllo delle proprie azioni. Mentre l'emozione viene spesso sopportata, il bisogno permette di tornare alla realtà, all'azione concreta, di continuare il proprio percorso personale con/insieme/o senza le altre parti coinvolte nel conflitto.

Sorprendentemente, gli scambi si placano quando i bisogni diventano chiari: è più facile per ciascuno ascoltare i bisogni concreti dell'altro piuttosto che le sue emozioni. L'espressione dei bisogni da parte di ciascuno deegli attori della mediazione permette anche di essere ascoltati dall'altro, almeno il mediatore lo garantirà, il che condiziona la riconnessione con l'altro, l'accettazione dell'umanità dell'altro e lo spostamento interiore delle parti coinvolte.

Una volta mappati i bisogni, la mediazione può lavorare sul "come". Il mediatore "farà emergere" le capacità di ogni persona per aiutarla a costruire insieme un futuro di pace per la propria relazione o non relazione.

*Sintesi*

L'intelligenza emotiva è una qualità essenziale per il mediatore nel suo ruolo di ostetrica della verità per ciascuna delle parti oggetto della mediazione: far emergere emozioni e bisogni, poiché da ciò deriveranno soluzioni pacificatrici. Non c'è dubbio che l'intelligenza emotiva sia presente anche nelle aule di tribunale. Ma il mondo del diritto e della giustizia è maggiormente simboleggiato da un'intelligenza razionale, che valorizza la competenza. *Mentre dai giudici ci si aspetta che esprimano la legge, definiscano accuratamente i fatti e applichino le regole con una certa umanità o flessibilità, dai mediatori ci si aspetta che sappiano leggere le persone, discernere i loro bisogni e pronunciare parole "liberatorie e riparatrici". L'ideale per il sistema giudiziario di domani sarebbe mobilitare queste due forme di intelligenza.* L'analisi è necessaria per comprendere l'euristica di certe tragedie umane prima dei giudici. Il sentimento ci permette di andare ancora oltre nella riparazione globale delle persone in conflitto.

Oltre all'intelligenza emotiva, il mediatore potrà attingere a una risorsa di cui si parla troppo poco nel mondo giuridico: la creatività.

### *B. Creatività: una qualità ammessa nella mediazione*

#### *La finalità creativa dell'intelligenza*

Secondo l'approccio di Howard Gardner all'intelligenza, lo scopo dell'intelligenza non è solo comprendere o conoscere, ma sapere come ottenere qualcosa. Questa dimensione dell'intelligenza ci sfida.

Creare significa inventare ciò che non esiste mobilitando le proprie risorse. Creare richiede un certo abbandono e una connessione con le profondità della propria anima. La creatività è una risorsa ammessa nella mediazione, e persino incoraggiata, il che è meno naturale nella giustizia dello stato[75] se non quando si considera il potere interpretativo del giudice e il suo potere pretorio – di creare il diritto – quando il diritto tace o è diventato obsoleto.

*La creatività del mediatore è di natura diversa, meno intellettuale, ma più pragmatica, radicata in una situazione concreta e operante entro i limiti della realtà.* La gamma di possibilità per mettere in contatto le persone in conflitto è infinita nella mediazione: il mediatore può utilizzare mille tecniche e inventarne di nuove (oltre a visitare luoghi, giocare, usare diagrammi, leggere, ecc.). Naturalmente, la creatività del mediatore non è illimitata: i suoi doveri etici e l'ordine pubblico limitano questo campo di possibilità. È la flessibilità del processo che consente al mediatore di "comporre" e costruire un ponte.

### *L'arte d'interrogare*

Il mediatore deve comprendere un po', ma non troppo, la storia del conflitto. L'arte di interrogare consiste nel saper gestire la questione con delicatezza e curiosità. Ciò implica saper bilanciare le domande per diverse ragioni.

La prima: rispettare la privacy delle parti. Il mediatore non deve essere curioso; deve essere "aperto". Ciò significa distinguere tra utile e inefficace per "sentire" le persone e guadagnarsi la loro fiducia. Porre domande per dimostrare interesse per la persona e per ciò che la spinge alla mediazione. Ma questo interesse deve rimanere "superficiale".

La seconda: non intellettualizzare il conflitto. *Il rischio d'interrogare in modo troppo intenso, troppo preciso o rigoroso è quello di voler capire tutto per poter controllare tutto. È ciò che fa il giudice: deve conoscere i fatti, la realtà più completa della storia. Questa "padronanza" della controversia tra le parti è segno del loro potere e dell'interferenza del giudice nella storia personale delle parti. Non è il caso del mediatore.* Non deve dare a vedere di avere il controllo e non deve cercare di prenderlo. La sua presenza e attenzione deve essere sufficiente a dimostrare la sua utilità, la sua legittimità e la sua grande umiltà.

Fa domande con moderazione, a volte con distacco e a volte con rispetto per la privacy; con delicatezza, le domande riescono a entrare nella sfera interiore delle parti mediate. Il mediatore può persino porre domande uscendo dal tema. Questioni apparentemente "fuori tema" come "Che film hai visto al cinema di recente? Che libro hai letto e ti è piaciuto di recente?" possono essere utili per alleggerire un dialogo conflittuale, per connettere le persone al di là delle loro differenze e, possibilmente, per gettare un seme per la futura relazione. Il mediatore deve sapere cosa sta facendo quando pone ciascuna di queste domande. Non deve cercare di capire; deve interrogare per far emergere ciò che le parti mediate hanno bisogno di condividere per liberarsi dal conflitto.

### *La "cassetta degli attrezzi dell'immaginario" tipica del mediatore*

La mediazione non è altro che un luogo in cui si libera il potenziale di varie intelligenze. Il mediatore è libero di attingere alle proprie risorse, alla ricchezza della sua personalità, alle sue esperienze di vita, al suo vasto campo di conoscenze, alle sue diverse competenze e ad alcuni semplici strumenti che ha potuto sperimentare e che hanno dimostrato la loro efficacia.

Fare l'inventario della "cassetta degli attrezzi" è impossibile e inutile. Lo "strumento" in questione non è il codice Dalloz del giudice o l'intelligenza artificiale. Può trattarsi di un foglio di carta e una semplice matita, una lavagna con un pennarello, immagini pensate per "ampliare" la visione delle persone, un buon caffè e una scatola di dolciumi per metterle a loro agio, giochi di carte su emozioni, bisogni, valori per aiutare il mediato a dare voce a ciò che sta vivendo, alcune citazioni forti e universali di Confucio o persino articoli della Dichiarazione Universale dei Diritti dell'Uomo, della Convenzione Europea dei Diritti dell'Uomo o della Dichiarazione dei Diritti dell'Uomo e del Cittadino, un brano musicale da far ascoltare alle parti coinvolte nella mediazione... ognuno ha la sua "cassetta degli attrezzi".

L'importante è saperne trarre mille spunti che aiutino a "far nascere" la verità di ciascuno e che provochino punti di incontro tra i protagonisti della mediazione con lo scopo d'immaginare un futuro di pace.

*Conclusione*

Le intelligenze multiple al servizio di una comprensione completa dell'essere umano possono essere utili per comprendere le "complessità" di un problema, un conflitto, un disordine, un dramma o una situazione complessa.

*Apertura: ipersensibilità, forza, debolezza o acutezza?*

È sorprendente notare che i mezzi del processo di mediazione non sono di ordine giuridico. La maggior parte degli "attezzi (strumenti)" del mediatore derivano dal lavoro e dalle scoperte della psicologia: ascolto attivo e non giudicante, comunicazione non violenta, intelligenza emotiva, creatività... Insomma, la risoluzione amichevole di un conflitto umano non utilizza solo logica, ragionamento, razionalità e conoscenza, ma anche competenze più ampie che integrano la sensibilità umana. È, inoltre, l'espressione della sensibilità specifica di ogni persona attrice della mediazione che permetterà alla pace di stabilirsi nel cuore di ciascuno, consentendo d'immaginare il futuro della relazione, insieme o separatamente, ma in un modo consapevole, desiderato e accettato da tutte le parti.

Dunque, per accogliere la sensibilità umana, il mediatore deve essere dotato, a sua volta, di una sensibilità singolare? Una grande sensibilità può essere un sesto senso, che permette di "cogliere" acutamente i pezzi del puzzle, la loro articolazione. La percezione dei segnali deboli, la captazione del linguaggio paraverbale, l'intuizione di certe strade da esplorare durante il processo di mediazione che conducono alla via dell'appeasement. L'ipersensibilità è un modo singolare di comprendere il mondo con intuizione, una velocità che concilia logica e sentimento[76].

Non c'è dubbio che possa essere una fonte di talento nelle missioni di pace.

Due condizioni ci sembrano necessarie in anticipo: 1) esserne consapevoli; 2) aver trovato dentro di sé "le chiavi" per tornare rapidamente a uno stato di equilibrio, ogni volta che questo è stato destabilizzato. Senza questo, il mediatore non sarà in grado di offrire tale forza agli altri. E se durante una sessione di ascolto scorrono lacrime perché il mediatore sente la sofferenza di uno degli attori mediati, non vanno temute. Le lacrime non compromettono in alcun modo i doveri etici di neutralità e imparzialità del mediatore. Lasciare che le lacrime scorrano e lasciare che il mediatore osi esprimere la sua sensibilità, che non è fragilità, ma risonanza con l'alterità, è segno di profonda umanità.

## *Terza parte*:
# GLI EFFETTI

*Prefazione: l'assenza di sanzioni, l'assenza di violenza istituzionale*

La conseguenza naturale dell'assenza di potere del mediatore risiede nell'assenza di sanzioni. Il mediatore non può imporre alcuna misura che limiti i diritti e le libertà fondamentali delle parti protagoniste della mediazione, poiché non ha l'autorità legale per farlo. Le parti mediate non hanno quindi nulla da temere dalla mediazione, poiché questa non può "togliere" loro nulla a meno che vi acconsentano. Il libero arbitrio delle parti mediate è preservato dall'inizio alla fine del processo; esse hanno il controllo di ciò che impegnano nei confronti dell'altra parte. Le sanzioni legali sono un argomento che abbiamo esplorato in modo approfondito nei nostri lavori precedenti[77]. Studiando, da un lato, la condotta lucrativa illecita come comportamento asociale dell'*homo economicus* (le sue cause psicologiche e i suoi difetti giuridici) e, dall'altro, la risposta giuridica necessaria per impedire all'autore di trarre profitto dal suo reato e distoglierlo dal suo progetto criminale, abbiamo fatto grandi progressi nella capacità deterrente della pena, in particolare grazie alle intuizioni del movimento *Law and Economics*[78]. Ma la macchina giudiziaria è così potente che, se utilizzata con efficacia procedurale e sostanziale, può letteralmente distruggere un essere umano, un sistema umano[79].

Con tale osservazione in mente, il collegamento a un percorso dolce, cooperativo e pacificatore è diventato essenziale, nel mio percorso di ricercatore, per immaginare il mondo e la giustizia umana in modo diverso, mobilitando ulteriormente il potenziale altruistico di ogni essere umano.

Tuttavia, in diritto, la "sanzione" assume un significato particolare in quanto conseguenza della violazione di una norma di diritto. Può essere repressiva o riparativa[80].

"Sanzione" deriva dal latino *sanctionare*, che significa "rendere effettivo" il valore sociale tutelato dallo stato di diritto. La sanzione giuridica si riferisce a "qualsiasi risposta giuridica alla violazione di una norma giuridica"[81].

Il giudice è quindi naturalmente investito del potere d'imporre la sanzione prevista dalla legge. Il nostro ordinamento giuridico riconosce una serie di sanzioni di diversa gravità, tra cui sanzioni civili, penali e amministrative. Tutte hanno in comune il fatto di essere irrogate indipendentemente dalla volontà del destinatario della sanzione, con alcune eccezioni (il lavoro socialmente utile, che paradossalmente rimane sottoutilizzato in Francia nonostante una filosofia che andrebbe incoraggiata). Tuttavia, per il momento, le sanzioni legali sono concepite ideologicamente come "un danno da infliggere o un divieto di fare qualcosa, proporzionale al danno causato alla vittima o alla società". È quindi intriso di negatività e focalizzato sul passato.

La mediazione c'invita a ripensare strutturalmente le sanzioni legali come conseguenza del mancato adempimento di un obbligo legale: sanzioni come "miglior benessere" o occasione per "migliorare" sé e gli altri, una "sanzione altruistica"[82], una misura positiva e lungimirante. *L'intenzione è allora fondamentalmente diversa: non si tratta più di "prendere dall'uno per dare all'altro", ma di "accompagnare l'uno per offrire all'altro ciò che può dare per ripararlo".*

*Avvertenza*

In questa terza e ultima sezione, esamineremo gli effetti della mediazione. Mentre l'effetto primario desiderato è quello di "calmare" le persone e ripristinare la loro pace interiore (I), l'effetto creato non è altro che quello di "riparare" non il danno, ma le persone e i sistemi umani (II).

## 1. L'effetto ricercato: placare gli animi

*Identificare le ferite create dal conflitto*

A volte il conflitto risveglia una vecchia ferita. Tutti sperimentano difficoltà, a volte tragedie, e gioie profonde nel proprio percorso di vita. Il dolore lascia un segno che guarisce più o meno rapidamente. La gioia ci ricorda che la vita vale la pena di essere vissuta nonostante tutto. Lise Bourbeau identifica cinque ferite universali[83]: tradimento, rifiuto, abbandono, umiliazione, ingiustizia, che possono riaffiorare in qualsiasi momento della vita quando innescate da un evento, parole esterne, ecc., purché rimangano aperte.

Il primo passo per la guarigione, secondo l'autrice, è la consapevolezza[84]: essere consapevoli che c'è un evento nella nostra vita che ha dato origine a una di queste ferite e che la portiamo dentro di noi.

Il secondo passo deriva dal primo, ma può richiedere tempo: l'accettazione. È fondamentale nel processo di trasformazione e guarigione. Accettare non significa solo ammetterlo a se stessi; significa anche accettare di non nasconderlo più e di non indossare più la maschera che lo nasconde. Ecco il percorso di guarigione descritto da Lise Bourbeau.

Le reazioni (anche interiori) alle ferite non sono sempre comprese dal soggetto, che tende ad attribuirne la causa (la responsabilità) a chi ha prodotto la ferita. Ciò è generatore di conflitti. Possiamo quindi collegare l'emergere di un conflitto alle cosiddette "cinque ferite universali": una sola parola è sufficiente perché la ferita sepolta ricordi a chi la ospita che non è guarita.

*Liberare le verità esistenziali delle persone in conflitto*

Il conflitto fa parte delle relazioni umane. All'inaugurazione "*IX Assises internationales de la médiation*" (Strasburgo)[85], Béatrice Blohorn-Brenneur, una delle pioniere della mediazione in Francia e in Europa, ha affermato che "il conflitto è una cosa meravigliosa" e ha incoraggiato il pubblico e la coscienza collettiva a trasformare la propria visione del conflitto. Personalmente, mi ci è voluto un po' per capire perché questa fosse una cosa così meravigliosa, perché ho sempre detestato il conflitto e ho speso molte energie nel costruire consenso e connessioni intorno a me. E poi, ho finalmente sperimentato la ragione descritta da Béatrice Blohorn-Brenneur: in effetti, il conflitto può rivelare verità esistenziali, può diventare un'opportunità per comprendere meglio se stessi. Ma una simile lezione su se stessi è il risultato di un processo di introspezione e umiltà, che non è sempre un percorso facile e richiede tempo.

In effetti, il conflitto porta quasi in modo quasi inevitabile all'emergere di emozioni spiacevoli (rabbia, paura, squilibrio, ecc.). Comunque, queste potrebbero essere un avvertimento dal nostro inconscio, dal nostro mondo interiore, che ci invia un messaggio: "Mi sento insicuro, percepisco il desiderio dell'altro di dominare, sento che il suo giudizio non corrisponde a chi sono veramente, è riduttivo, ecc.". Se una persona si prende il tempo di riconoscere l'emozione che sta vivendo e di decifrarla, può scoprire una verità esistenziale: "la paura o la fuga causate dal dominio di qualcuno possono dimostrare all'ospite il suo attaccamento ai valori della cooperazione, dell'altruismo o dell'ascolto rispettoso." Esprimere questa emozione permetterebbe di "riaggiustare" il dialogo e la relazione. La consapevolezza permette loro di essere in pace con se stessi, prerequisito necessario per ristabilire una connessione sicura con gli altri.

Se le persone coinvolte sono in grado di condurre questo autoesame nel momento in cui viene inviato il segnale dal loro mondo interiore e di fare una scelta libera e consapevole prima di agire o reagire, i conflitti svolgeranno il loro ruolo virtuoso di rivelare verità esistenziali e riequilibrare le relazioni.

*L'effetto liberatorio dell'espressione di sé*

*Dire la propria verità senza essere giudicati ha un effetto calmante: questa è la dimostrazione definitiva del lavoro e dell'esperienza clinica di Carl Rogers.* Sostenere le parti oggetto della mediazione nell'espressione del proprio io interiore è un passo importante nel cammino verso la pace interiore. È sorprendente scoprire che questo spazio di dialogo "curativo" esista in tutte le forme di giustizia transizionale in tutto il mondo.

È per rispondere all'esigenza di ascoltare le storie, le ferite psicologiche e fisiche e le conseguenze sulla vita delle vittime di pedofilia nella Chiesa che è stata creata la Commissione Indipendente sugli Abusi Sessuali nella Chiesa (CIASE)[86], parallelamente ai procedimenti penali condotti dinanzi alla giustizia statale. Recentemente, durante un processo straordinario, la giustizia statale ha sperimentato l'effetto riparatore dell'ascolto delle vittime: il processo per gli attacchi terroristici di Parigi del novembre 2015[87]. L'ascolto incondizionato, che include la narrazione e l'espressione delle emozioni, ha il merito di accogliere la sofferenza e umanizzare la giustizia. Ascoltando la sofferenza altrui, le vittime sono anche invitate a emergere dal loro io interiore per sviluppare una forma di solidarietà riparatrice. Anche le storie degli imputati ci hanno permesso di comprendere la portata dell'umiliazione vissuta da alcuni membri della comunità musulmana in Europa e nel mondo arabo di fronte all'espansionismo dei valori occidentali[88]. Ciò non scusa, ma umanizza.

L'effetto terapeutico della libertà di parola trae ispirazione dai tribunali africani "Gaccaca" istituiti dopo il genocidio ruandese e dalle "Commissioni per la Verità" istituite in Sudafrica dopo l'*apartheid*[89].

Spiegare ciò che si è sofferto, il percorso che si è dovuto percorrere per cercare di reggersi in piedi sulle proprie gambe, senza essere interrotti, giudicati o contraddetti dalle parti avverse o dai loro avvocati, produce di per sé un effetto calmante e preannuncia il ripristino della propria dignità e la riparazione del proprio essere. È un inizio necessario al processo di riparazione, ma non è sufficiente. La vera azione riparatrice è quella scelta da ciascuno degli attori del conflitto per ripristinare se stessi e/o il sistema nel quale si è verificato il dramma.

# 2. L'effetto prodotto: riparare le persone e il sistema

### *La riconciliazione con l'altro non è l'obiettivo del processo*

Può sembrare paradossale, ma la mediazione non cerca di riconciliare le parti protagoniste della mediazione. In realtà, è proprio questo "non-obiettivo" che la rende un processo pragmatico e non idealizzato, un processo che accetta la fragilità umana e non si basa sulla capacità di perdonare di ciascuno. *A volte, il perdono non è possibile, almeno a breve termine, e cercare di perdonare l'altro equivarrebbe a una violenza autoinflitta.* A meno che non diamo tempo al tempo di fare il suo lavoro. Nella migliore delle ipotesi, la mediazione può aiutarci a comprendere il comportamento dell'altro, il che può attenuare l'odio che proviamo nei suoi confronti. In questo senso, la mediazione è un processo moderno, laico e profondamente umanista.

Il film di Jeanne Herry *Ne montrez pas vos visages* ne fornisce un'illustrazione potente e accurata, in particolare attraverso la storia di un incesto tra un fratello e una sorella durante la loro infanzia. Dopo l'uscita di prigione del fratello, la sorella teme di incontrarlo per caso nella città in cui entrambi vivono. Per evitare questa situazione, entra e propone al fratello di intraprendere un percorso di mediazione per definire insieme le condizioni di tempo e luogo di socializzazione durante la settimana, evitando così un incontro. Ma il percorso presuppone che entrino in contatto, con il supporto del mediatore.

Qui, lo scopo del percorso non è il perdono, ma piuttosto definire le condizioni per non incrociarsi, un accordo per una non-relazione. Inevitabilmente, per costruire questo accordo, entrambi dovranno "vedersi" di nuovo, parlarsi e accettare la verità raccontata da ciascuno, ciò che hanno vissuto, i sentimenti di tradimento, di paura, le trappole psicologiche in cui sono caduti durante l'infanzia. L'umanità espressa da ciascuno è la più autentica. La sorella non offre perdono, perché ha bisogno prima di ricostruire se stessa: è un bisogno vitale. Il fratello accetta, comprendendo che la pena detentiva scontata non ha guarito la sorella. Anche lui ha bisogno di guarire se stesso, di accettare le trappole in cui è caduto da bambino. Questa scena, sebbene sia un film di finzione, suona vera, e non si può fare a meno di essere profondamente toccati dall'umanità di queste due persone, dalla loro fragilità e, allo stesso tempo, dal loro desiderio di vivere una vita felice nonostante le ombre del passato.

La mediazione può quindi sfociare in un memorandum d'intesa che stabilisce il quadro per una non-relazione. Comunque, porta alla riconciliazione con se stessi.

*La riconciliazione con se stessi*
*è uno degli obiettivi della mediazione*

Liberare la parola, sapendo che sarà accolta e sostenuta fino al punto di formulare le verità esistenziali di ciascuna delle parti protagoniste della mediazione, in modo che venga ascoltata e accettata per prima dal mediatore, ma anche dalle parti, che vengono guidate alla riconciliazione con se stesse.

Liberare la parola vera può dissipare i sentimenti di vergogna e colpa legati agli eventi che hanno causato le ferite, soprattutto quando le prime parole vengono accolte con diniego e silenzio. Il rapporto CIASE mostra come il silenzio forzato e l'oblio traumatico ancorano la ferita e impediscono di trovare la pace interiore[90]. Osare parlare di ciò che è più profondo dentro di sé, esprimere le tensioni, permette di comprendere il percorso di vita intrapreso, i propri dolori e di accettarli. E infine, può avvenire una riconciliazione interiore. L'effetto generato è uno dei segni che la mediazione ha conseguito un parziale successo.

*Riparare gli attori coinvolti nel conflitto, senza eccezioni*

In un conflitto, ci sono tante vittime – nel senso di coloro che sono stati colpiti e destabilizzati – quanti sono i protagonisti. I processi di mediazione e giustizia riparativa sono notevolmente nuovi perché volti a "riparare" sia l'autore dell'atto lesivo sia la vittima, senza discriminazioni[91].

Ricercare la responsabilità delle azioni di ciascuna parte non è l'obiettivo della mediazione, a differenza del contenzioso, che determina le responsabilità individuali (civili, penali, amministrative). Ed è proprio l'assenza di questa "etichetta" che libera la parola e permette a tutti di dire "la propria verità" senza timore di ira legale e moralizzatrice.

La mediazione ricerca nessi causali tra atti e individui e quindi arriva fino a riconoscere che anche l'autore dell'atto lesivo prova una legittima sofferenza interiore: perché è stato vittima di se stesso, dei propri fallimenti, del proprio sistema. *La mediazione ammette l'idea che debba riparare se stesso tanto quanto la vittima del crimine. Si tratta di qualcosa di davvero innovativo nel pensiero sul diritto e sulla giustizia.*

Riconoscere la condizione di ogni persona, riconoscere che tutti soffrono, compresi coloro che hanno causato un danno alla vittima attraverso la loro cecità, sono separati dal proprio io interiore, proprio come coloro che hanno esteriorizzato la violenza attraverso parole o gesti, perché hanno perso il controllo di sé, hanno agito senza libero arbitrio, senza consapevolezza di ciò che stavano vivendo interiormente e di ciò che stavano facendo sperimentare agli altri attraverso le loro parole e i loro gesti.

La riparazione assume quindi un significato completamente diverso da quello che le attribuisce il diritto alla responsabilità civile[92]: non si tratta più di riparare il danno –

anche se questo effetto può costituire una delle clausole del protocollo d'intesa – ma di riparare la dignità di ogni persona.

*Riparare esseri umani e sistemi:*
*"ripristinare la dignità umana"*

Le riparazioni a cui si fa riferimento nei processi di mediazione e giustizia riparativa assumono un significato completamente diverso da quello attribuito loro dal diritto e dalla giustizia statale. Si tratta di una riparazione che va oltre il significato del diritto. Mira a ripristinare la dignità umana. La riparazione potrebbe trarre il suo significato giuridico dalla "riparazione in natura" del diritto della responsabilità civile, una forma di riparazione ancora sottoutilizzata, sebbene raccomandata principalmente in materia di danno ecologico[93]. Questa forma di riparazione mirerebbe a ripristinare l'integrità e la dignità di ciascun individuo. Ciò richiede che ogni individuo recuperi la piena consapevolezza di sé e il controllo del proprio comportamento. In merito, la "riparazione della dignità" può assumere un numero infinito di forme.

E poiché queste forme di giustizia sono definite "olistiche", tengono conto anche del ruolo dell'individuo nell'istituzione o nel gruppo sociale in cui è sorto il conflitto. In questo senso, la riparazione comprende individui e sistemi umani e si concentra più sulle cause che sulle azioni. È sia riparativa che preventiva. Mentre la riparazione legale, in senso tradizionale, guarda al passato per compensare e cancellare una perdita o una carenza, la riparazione in senso mediatico si concentra essenzialmente sul futuro degli individui e dei sistemi che incarnano.

Pertanto, l'esito di un processo di mediazione o di giustizia riparativa può portare a misure di riparazione in natura, misure simboliche o misure sistemiche. *Tutte queste misure sono la traduzione concreta dei bisogni espressi durante il processo, che consentiranno sia il riconoscimento del danno – e del nesso causale con il comportamento che lo ha causato – sia di "guarirlo" o prevenirlo in futuro.*

*Il risarcimento*

Il primo tipo di misure che un memorandum d'intesa può prevedere è la riparazione in senso letterale, che è abbastanza vicina al significato giuridico: riparare significa ripristinare lo stato di equilibrio iniziale, lo *status quo ante*. L'esigenza di giustizia o di un ritorno all'equità per le persone coinvolte nella controversia può quindi concretizzarsi attraverso una richiesta di risarcimento, intesa a "risarcire" determinati danni causati dal conflitto. Ma non sopravvalutiamo il potere "riparatore" del denaro. Mentre il risarcimento danni per una perdita subita o un mancato guadagno rimane rilevante nelle controversie economiche in cui diverse violazioni di un obbligo legale o contrattuale causano essenzialmente un danno economico, esso presenta i suoi limiti per altre tipologie di danno. Tuttavia, la classificazione dei danni risarcibili si è notevolmente arricchita con l'evoluzione della giurisprudenza. La dicotomia tra danni patrimoniali e non patrimoniali ha ora lasciato il posto a lesioni personali e danni ecologici, che si suddividono in una moltitudine di categorie di danno identificate dagli esperti nelle classificazioni[94]. E il danno morale, da parte sua, si è notevolmente ampliato[95], il che dimostra chiaramente che la giustizia statale è attenta alla sofferenza delle vittime e la riconosce. Il denaro, però, non ripara – nel senso di restituire dignità – i danni, ma solo le conseguenze finanziarie degli attacchi al Vivente.

Per la vittima di violenza fisica/psichica, se consideriamo il danno della "sofferenza subita", il ripristino della dignità potrebbe consistere in un supporto terapeutico temporaneo per la riparazione di sé, che tuttavia deve essere finanziabile. Le parti oggetto della mediazione potrebbero quindi concordare il pagamento di una somma forfettaria destinata a finanziare queste cure mediche e paramediche per il benessere della persona danneggiata. Questa è anche una delle raccomandazioni del rapporto CIASE. Va notato nel rapporto completo CIASE che molto spesso le vittime non hanno richiesto il pagamento di una somma, o non per sé stesse ma per una causa. Allo stesso modo, il processo V13 e il risarcimento delle vittime dell'attentato di Nizza hanno mostrato gli effetti perversi della "mercificazione" delle lacrime attraverso il risarcimento standardizzato da parte del "Fondo di Garanzia per gli Atti di Terrorismo e Altri Reati". Così, per ottenere un risarcimento "ottimale", le vittime sono state incoraggiate dagli avvocati a utilizzare termini tecnici e precisi, privando i loro racconti di qualsiasi autenticità o effetto catartico[96].

Ne deduciamo che i risarcimenti svolgono solo un ruolo simbolico nel processo di ripristino della dignità e non possono essere di per sé sufficienti. La riparazione è mera finzione, perché nulla può cancellare un danno[97]. Nella migliore delle ipotesi, la riparazione può "compensare" il dolore, la perdita, la perdita e ogni danno. Questo è il significato del principio di piena riparazione che permea la responsabilità civile. Ciò nega che esistano mille modi per ripristinare l'equilibrio mentale o psicologico di una persona. Ad oggi, il diritto non ha sufficientemente esplorato la riparazione nel senso di ripristino e si accontenta di riparare il dolore psicologico "per equivalente". Compensiamo perché non sappiamo come riparare altrimenti[98]. Ma così si dimentica che parole o atti altruistici e di sostegno possono avere una profonda funzione riparativa.

## *Parole riparatrici*

Alcune parole possono guarire. Chi non l'ha sperimentato? A volte le riceviamo in un dato momento senza comprenderne il significato più profondo, ma il nostro inconscio si incaricherà di restituircelo in un dato momento, quando saremo in grado di comprenderne il significato "riparatore". A volte, queste parole sono immediatamente riparatrici.

Nel film di Jeanne Herry, le parole di uno dei rapinatori guariscono le ansie di questa donna vittima di una rapina, annientandole, privandola di un oggetto. La donna spiegò di temere rappresaglie da parte del suo aggressore; questa paura la perseguitava. Questo evento aveva scosso la sua vita. A questo, il rapinatore rispose che la sua paura era illogica perché era proprio lui che avrebbe potuto temere che lei lo riconoscesse e si vendicasse, avendo vissuto lui stesso una situazione del genere. Intuiamo che le parole sincere, logiche e autentiche del rapinatore hanno un effetto liberatorio e curativo sulla paura di questa giovane donna. Per le ferite psicologiche, note anche come danni morali, le "parole giuste" possono avere un potente effetto riparatore.

*Misure sistemiche o riparazioni altruistiche in natura*

Nella mediazione, le parti coinvolte possono adottare misure sistemiche per preparare la risoluzione della crisi o prevenire una ricaduta. Tali parti sono legate da relazioni di causa-effetto. Ogni persona può quindi, a seconda della propria posizione e capacità d'azione, modificare la struttura dell'entità in cui si verifica il conflitto, per prevenire una ricaduta. Questo è l'approccio sistemico alla risoluzione delle crisi. Le misure sono infinite poiché dipendenti dal caso; sono volte a riparare i difetti di un sistema umano.

ELENCHIAMO QUI E IMMAGINIAMO ALCUNE MISURE.

CASO 1. La pedofilia nella Chiesa. Nel rapporto del CIASE, una serie di raccomandazioni potrebbero essere descritte come "sistemiche" in quanto mirano a colmare la lacuna nel sistema istituzionale della Chiesa per una migliore gestione interna[99]. Ciò riguarda il "processo di gestione dei casi di pedofilia rilevati all'interno della Chiesa". Questo tipo di misura si riferisce ai processi di audit implementati nelle aziende per gestire i rischi. Tali misure sistemiche possono essere utilizzate anche per prevenire rischi ambientali o rischi di violazione dei diritti umani all'interno di organizzazioni pubbliche o private.

CASO 2. Salute pubblica: l'*affaire* "Mediator". In questo caso, le aziende farmaceutiche hanno mentito sulla composizione e sulla pericolosità di un farmaco per ottimizzarne la commercializzazione e quindi il fatturato legato alla sua vendita. Va notato che questo farmaco era destinato a persone affette da obesità e diabete: era commercializzato come antidiabetico (e quindi rimborsato dalla previdenza sociale) ed era prescritto dai medici off-label come soppressore dell'appetito. È stato infine ritirato dal mercato a seguito di un'ondata di valvulopatie fatali da esso causate. Il tribunale amministrativo ha ordinato lo scioglimento dell'AFSSAPS, l'ex autorità di regolamentazione dei farmaci, a causa di diversi conflitti di interesse che avevano compromesso la farmacovigilanza: tale misura potrebbe essere definita "sistemica". Il sistema giudiziario ha imposto sanzioni civili per risarcire le vittime di vari danni, nonché sanzioni penali nei confronti dei responsabili, sia persone fisiche che giuridiche, come pene detentive (sospese o gravi), multe con massimale fisso e confisca del ricavato del reato (corrispondente al fatturato derivante dalla vendita di Mediator). Una misura "riparatrice" sistemica consisterebbe nel proporre ai responsabili di fornire supporto individuale a ciascuna vittima attraverso coaching nutrizionale, di fitness e psicologico per aiutarla a superare l'obesità. Tale misura è riparatrice a diversi livelli per le vittime della frode, sia in termini di integrità fisica e psicologica, sia per i dirigenti, che sono quindi tenuti a svolgere pienamente la loro missione di salute pubblica[100].

CASO 3. Diritto del lavoro: l'*affaire* "Deliveroo". In questo caso, il sistema giudiziario ha criticato Deliveroo France per non aver dichiarato il lavoro dei fattorini di Deliveroo. L'azienda è stata condannata al pagamento di una multa e dei contributi previdenziali evasi per il reato di lavoro sommerso, e il suo status di lavoratore autonomo è stato riclassificato come contratto di lavoro. In questo caso, un risarcimento in natura, adattato al contesto della frode, potrebbe essere: "Richiedere a Deliveroo di modificare l'algoritmo in modo che il "riposo" dei fattorini non influisca sulla loro classifica e incoraggiarli a offrire supporto individuale ai lavoratori precari, incluso l'accesso all'alloggio, all'apprendimento delle lingue e misure che promuovano l'integrazione e/o lo sviluppo personale"[101].

CASO 4. Incidente stradale. Per i responsabili d'incidenti stradali che hanno causato lesioni personali irreversibili, non potremmo immaginare, invece di una multa o di una pena detentiva sospesa, un intervento di servizio alla comunità in una casa di cura (EPHAD) o in un luogo che ospita vittime di incidenti, per offrire un servizio alle persone, al fine di valutare le conseguenze della loro condotta scorretta sulla loro vita, ripristinandosi "umanamente"?

CASO 5 Ambiente. L'*affaire* "alghe verdi". La mediazione può essere un modo pertinente per affrontare i danni ecologici causati dall'allevamento o dall'agricoltura, perché da un lato esplora le relazioni causa-effetto (piuttosto che le relazioni di responsabilità) e dall'altro esamina il problema in modo "olistico" e globale al fine di identificare le leve giuste per raggiungere il risultato. Pertanto, nel caso delle alghe verdi, la mediazione permetterebbe di comprendere tutte le cause economiche, sociali e ambientali, perché si tratta di un caso complesso che coinvolge un settore fragile e non redditizio, dipendente dagli aiuti della Politica Agricola Comune (agricoltori) che si scontra con potenti e redditizie lobby industriali (produttori di pesticidi). La soluzione a tale inquinamento non dovrebbe essere quella di imporre pene detentive ai responsabili, ma di co-costruire una via d'uscita dalla crisi, di ripensare l'agricoltura bretone nel suo complesso, definendo il ruolo di ciascun attore e dando agli agricoltori la possibilità di optare per pratiche "responsabili" che siano consapevoli del loro impatto ambientale. Un approccio sistemico offrirebbe un modo pacifico e pragmatico per risolvere i problemi di inquinamento a livello locale. La via legale porterà allo scandalo e alla resa dei conti, mentre la mediazione potrebbe permettere all'intelligenza collettiva di trionfare.

DA QUESTO BREVE INVENTARIO DI "MISURE SISTEMICHE", POSSIAMO TRARRE DIVERSE OSSERVAZIONI:

- La mediazione mira a riparare gli "esseri umani" e i sistemi umani.
- La mediazione può risolvere i problemi più complessi grazie al suo approccio olistico o globale, che le consente di affrontare tutte le questioni, mentre la giustizia statale offre risposte "specializzate" limitate dalla giurisdizione del giudice incaricato.
- La mediazione può gestire i casi più gravi che causano danni diffusi: la pedofilia CIASE nella Chiesa; la "Gaccaca" post-genocidio in Ruanda; la "Commissione per la Verità e la Riconciliazione" post-Apartheid in Sudafrica, ecc.
- La mediazione può riparare i legami sociali risvegliando il potenziale altruistico di coloro che sono mediati attraverso azioni concrete da loro scelte.

Non c'è dubbio che gli effetti della mediazione possano essere dispiegati in qualsiasi tipo di controversia o conflitto, dal terrorismo ai grandi casi economici e finanziari, persino all'interno della giustizia statale. Un simile modo di rendere giustizia permetterebbe forse di cogliere nuove chiavi di lettura e anticipazione dei rischi legati alla vita in società, a vantaggio di una riumanizzazione di esseri umani e sistemi rinchiusi in una razionalità non altruistica.

# Conclusione

Nell'ambito di una riflessione completa sulla missione della giustizia umana, il presente saggio ha posto a confronto le azioni del giudice e del mediatore nello svolgimento delle loro missioni di responsabilità e pacificazione di fronte a conflitti, drammi o scandali.

La cosiddetta "azione di pace" può svolgersi al di là del diritto, ai margini del diritto e all'intersezione con altre scienze umane, ma sempre nel rispetto dell'ordine pubblico. La filosofia della mediazione invita quindi il giurista a sublimare il diritto e la sua rigidità per accogliere la fragilità e l'elasticità degli esseri umani.

A differenza della giustizia dello stato basata sul "giudizio" e sull'esercizio del potere sui soggetti in conflitto, la mediazione è una forma di giustizia orizzontale e non giudicante che consente alle parti di co-costruire il proprio futuro, nel rispetto del diritto e dei diritti altrui. Priva di qualsiasi potere coercitivo, la mediazione è una forma di giustizia senza potere né sanzione, che non aggiunge quindi violenza alla violenza dei fatti, ma è tuttavia dotata di una forte autorità morale capace di trasformare gli individui e i loro comportamenti. Senza abbandonare l'analisi razionale, questa giustizia supera i limiti della razionalità giuridica e della retorica, per mobilitare un'intelligenza multipla, sia del mediatore sia di coloro che sono in conflitto.

Umiltà, umanità, approccio olistico e creatività ci permettono di immaginare un numero infinito di misure per "ripristinare" la dignità degli individui e dei sistemi umani, adattate a ogni situazione.

Ci permette persino di considerare che l'autore di un grave illecito possa essere anche vittima del suo sistema "fallito", necessitando anch'esso di "riparazione" e ripristino della propria dignità, proprio come la vittima del danno subito. In questo senso, è fondamentalmente innovativa, anche se ciò può sembrare difficile da immaginare nel caso di certi eventi disastrosi.

Nella sua conferenza intitolata "Amore e Giustizia"[102], Paul Ricœur ha descritto valori opposti[103]; la mediazione, tuttavia, ne dimostra la compatibilità. Nella mediazione, infatti, è racchiuso il germe di un'accettazione totale dell'umanità, con le sue tenebre e le sue luci, che potrebbe instillare nella Giustizia dello Stato l'idea che tutte le parti in causa in un processo abbiano in sé le chiavi della propria pace e possano diventarne gli attori principali, qualunque sia la natura della controversia, se il giudice si permette di farle "partorire" come una levatrice, utilizzando gli "strumenti" del mediatore, come la comunicazione non violenta, l'ascolto non giudicante, l'intelligenza multipla. *L'espressione di emozioni, bisogni, valori e capacità altruistiche di ogni persona: tutto ciò diviene mobilitabile per costruire una giustizia profondamente umana e umanizzante.*

Comprensibilmente, è una giustizia che richiede un modo di essere unico da parte di chi la realizza, frutto di una profonda conoscenza di sé e dell'umanità, come un filosofo dell'azione che sa imbrigliare la profondità e la bellezza di ogni anima umana. Un tale modo di essere non è innato; si apprende e si sviluppa lungo l'arco della vita, non lontano da un cammino spirituale che ricerca sia il bene sovrano sia il respiro di ogni vita.

Che la giustizia statale tragga ispirazione da quest'altra forma di giustizia per reinventarsi: una giustizia che giudichi e condanni solo come eccezione[104] e non per principio. Un sistema giudiziario in cui l'atto del giudicare venga sostituito da un atto di trasformazione interiore e di "co-creazione" di un futuro libero.

Mi auguro, come autrice, che gli attori, gli studiosi e i docenti di materie giuridiche trovino – in questo confronto tra modalità (quadro, mezzi, effetti) di giustizia (stato e mediazione) – una filosofia, qualche tecnica di tipo psicologico e alcune "non-regole" d'ispirazione rispetto a quell'arte di rendere giustizia che sublima diritto e ragione.

In linea con le udienze di conciliazione che ora entrano nei tribunali, possa questo movimento di trasformazione della giustizia continuare, infondendo – nella funzione del giudicare – la filosofia della mediazione, incentrata sulla pacificazione, la riparazione e la trasformazione delle parti in causa.

Anche nei drammi causati dalla più grave condotta intenzionale, la persona ritenuta responsabile deve essere invitata a considerare un'azione positiva e trasformativa per se stessa e per la società, accanto all'imposizione delle sanzioni tradizionali.

Alla domanda posta nell'Introduzione di questo libro, "Qual è la missione della giustizia?", potremmo rispondere così: *la missione di ogni giustizia è riparare gli esseri umani e i sistemi. Come? Collegando i bisogni e le capacità altruistiche di ciascuno.*

# Note

* Nota della traduttrice: i riferimenti ai codici, agli articoli di legge, ai decreti, ecc. citati nel testo riguardano sempre la realtà della giustizia in Francia, anche quando non menzionato esplicitamente.

1 Precetto inciso sul frontone del Tempio di Delfi, che si dice abbia ispirato il famoso motto di Socrate.

2 Montesquieu (Ch.), *Lettres persanes*, Lettera di Usbek a Rhedi.

3 PERELMAN (C.), *Éthique et droit*, Editions de l'Université de Bruxelles, speciale. p. 116: nella prima parte dedicata allo studio dell'etica, l'autore esplora cosa sia la giustizia e, in particolare, si interroga sui legami tra la giustizia umana e la giustizia di Dio. Confronta quindi le fonti sacre e quelle dei filosofi occidentali sul tema della giustizia. Secondo lui, "non basta essere caritatevoli per essere giusti", perché la giustizia richiede anche il rispetto del principio della ragione. Mentre la persona caritatevole agisce per gli altri usando la propria gentilezza, la persona saggia agisce giustamente verso gli altri usando sia la conoscenza (dell'essere umano e della legge) sia la gentilezza. Il lavoro di Perelman è essenziale per qualsiasi giurista o non giurista che cerchi giustizia.

4 Dalla legge francese n. 95-125 dell'8 febbraio 1995, che ha istituito la mediazione giudiziaria; dalla Legge n. 2016-1547 del 18 novembre 2016; dall'articolo 22-1 della Legge n. 2019-222 del 23 marzo 2019, sulla programmazione e la riforma della giustizia 2018-2022, che stabilisce l'obbligo d'incontrare un mediatore; La legge n. 2021-1729 del 22 dicembre 2021 sulla fiducia nell'istituzione giudiziaria. Decreto n. 2023-686 del 29 luglio 2023, contenente misure volte a promuovere la risoluzione amichevole delle controversie dinanzi ai tribunali

5 Una soluzione su misura scelta dalle parti, il controllo dei tempi, il rispetto della riservatezza degli scambi e la sospensione dei termini di prescrizione.

6 FONTAINE (Ph.), *La justice*, Ed. Ellipses, 2018.

7 KANT (E.), *Critica della Ragion Pratica*, (*Critique de la raison pratique*, traduzione francese di J. Gibelin, Paris, 1944, p. 27): "Agisci in modo tale che la massima della tua volontà possa allo stesso tempo essere sempre valida come principio di legislazione universale".

8 In particolare nella gerarchia dei valori: in Asia, il bene comune prevale sulla libertà individuale, mentre in Occidente è la libertà individuale a prevalere sul bene comune.

9 PERELMAN (C.), op. cit., p. 28.

10 BOURBEAU (L.), *Les cinq blessures qui empêchent d'être soi-même*, Pocket Ed. ETC, 2000, p. 167.

11 Ibid.

12 Le due altre domande erano: quale è stata la vostra reazione? Quale concetto di giustizia soggiaceva a tale sentimento?

13 RICOEUR (P.), *Le juste 1*, Ed. Esprit, 2001, p. 189.

14 Definita da Portalis come "i principi esagerati di una società" o anche "la legge suprema": PORTALIS, *Discours préliminaire au premier projet de code civil*, Coll. "Voix de la cité", Ed. Confluences, 1999. Considerati dalla dottrina del diritto civile come la supremazia dell'interesse generale sull'interesse particolare, i principi giuridici imperativi ai quali non si può derogare per contratto ai sensi dell'articolo 6 del codice civile, in questo senso: CARBONNIER (J.), *Droit civil. Les biens, Les obligations*, vol. 2, PUF, 2004, n. 984; MALAURIE, (Ph.), *L'ordre public et le contrat*, Thèse, Paris, 1953, spé. n. 99: l'autore definisce l'ordine pubblico come "il buon funzionamento delle istituzioni indispensabili alla comunità. Esso [l'ordine pubblico] caratterizza uno stato di società, esprimendo la funzione essenziale del diritto come regolatore dei gruppi umani".

15 RICOEUR (P.), op. cit. p. 185: l'autore descrive le conseguenze dell'atto di giudicare da parte del giudice e distingue due finalità: "una finalità a breve termine, in virtù della quale giudicare significa decidere in vista di porre fine a un conflitto, a cui contrappongo una finalità a lungo termine, senza dubbio più nascosta, vale a dire il contributo del giudizio alla pace pubblica".

16 Art. 12 del codice di procedura civile (francese): "Il giudice risolve la controversia secondo le norme di diritto a lui applicabili".

16 In senso giuridico, una sanzione è la giusta "tariffa" applicata alla violazione: Jestaz (P.), "La sanction ou l'inconnue du droit", D. 1986, pp. 197-204; Beccaria (C.), *Des délits et des peines* (Dei delitti e delle pene), "Préface" di R. Badinter, Flammarion, 1991; Foucault (M.), *Surveiller et punir*, Gallimard, 1975; FASSIN (D.), *Punir une passion contemporaine*, Seuil, 2017.

17 Art. 64 e segg. della Costituzione francese in vigore dal 4.10.1958: Titolo VIII "dell'autorità giudiziaria"; art. 66 comma 2 "l'autorità giudiziaria, custode della libertà individuale, assicura il rispetto di questo principio alle condizioni previste dalla legge".

18 Al contrario, la Corte Europea dei Diritti dell'Uomo, alla quale i paesi firmatari della Convenzione per la salvaguardia dei diritti dell'uomo e delle libertà fondamentali (1950) attribuiscono autorità morale, si limita a "dichiarare" nel suo dispositivo una disposizione di diritto nazionale come conforme o incompatibile con l'articolo o gli articoli della suddetta convenzione a cui fa riferimento il ricorrente.

19 CNRTL "mediazione".

20 CNRTL "autorità".

21 GARDNER (H.), *Les formes de l'intelligence*, Odile Jacob, 2022: l'autore è professore di psicologia comportamentale all'Università di Harvard, che ha dedicato anni di ricerca allo studio dell'intelligenza. Tra le otto forme d'intelligenza da lui individuate, va subito sottolineata l'importanza dell'intelligenza intrapersonale per qualsiasi missione che richieda empatia. Vedi infra.

22 Art. 21 del codice di procedura civile: l'incarico può essere delegato a un conciliatore di giustizia alle condizioni di cui all'articolo 129-2 C.P.C.

23 Art. 41-1 del codice di procedura penale francese.

24 Articoli da 774-1 a 774-4 C.P.C. del decreto n. 2023-686 del 29 luglio 2023.

25 ROGERS (C.R.), *L'approche centrée sur la personne*, Ambre Editions, 2018; ODIER (G.), ROGERS (C.), *Être vraiment soi-même*, Eyrolles, 2012.

26 ROSENBERG (M.B.), *Les mots sont des fenêtres (ou bien ce sont des murs)*, La Découverte, 2016.

27 TVERSKY (A.) & KAHNEMAN (D.), Judgment Under Uncertainty: Heuristics and Biases, in *Science*, 185: 112-131 (1974) ; SERRA (D.), *Économie comportementale*, Economica 2017, p. 65: "Le scelte individuali sono sistematicamente contaminate da una profusione di pregiudizi psicologici che ne ostacolano la razionalità. Questi pregiudizi influenzano la maggior parte delle funzioni psicologiche umane: percezione, attenzione, giudizio, ragionamento e metodi di risoluzione dei problemi".

28 KAHNEMAN (D.), SIBONY (O.), SUNSTEIN (C.R.), *Noise: pourquoi nous faisons des erreurs de jugement et comment les éviter*, Odile Jacob, 2021.

29 MORINEAU (J.), *L'esprit de la médiation*, Erès, 2021, p. 69.

30 Tranne nei casi di legittima difesa: art. 122-5 et 122-6 codice penale francese.

31 GOLEMAN (D.), *L'intelligence émotionnelle. Intégrale*, Ed. J'ai lu, 2014.

32 KAHNEMAN (D.), *Système 1. Système 2. Les deux vitesses de la pensée*, Flammarion, 2012.

33 Artt. 131-1 e seguenti C.P.C.

34 Art. 10-1 C.P.P. derivante dalla legge n. 2014-896 del 15 agosto 2014 relativa all'individualizzazione delle pene e al rafforzamento dell'efficacia delle sanzioni penali: "Una misura di giustizia riparativa è qualsiasi misura che consenta alla vittima e all'autore di un reato di partecipare attivamente alla risoluzione delle difficoltà derivanti dal reato, e in particolare al risarcimento dei danni di qualsiasi natura derivanti dalla sua commissione. Questa misura può essere adottata solo dopo che la vittima e l'autore del reato hanno ricevuto informazioni complete al riguardo e hanno espressamente acconsentito a parteciparvi. È attuata da una terza parte indipendente e formata a tal fine, sotto la supervisione dell'autorità giudiziaria o, su richiesta di quest'ultima, dell'amministrazione penitenziaria. È riservata, salvo diverso accordo tra le parti e salvo nei casi in cui un interesse prevalente legato alla necessità di prevenire o punire i reati giustifichi che le informazioni relative allo svolgimento della misura siano portate a conoscenza del pubblico ministero.

35 Art. 1530 C.P.C.

36 Che può essere ridotto a udienze a porte chiuse nell'interesse delle parti (in materia familiare: art. 1074 C.P.C.); la tutela dei minori o dell'ordine pubblico (in materia penale: art. 306 C.P.P.).

37 Artt. 131-14 C.P.C.: nel contesto della mediazione giudiziale.

38 Art. 1 "La dignità umana è inviolabile. Essa deve essere rispettata e protetta."

39 Assemblea plenaria, 17 novembre 2023, n. 21-20.723.

40 KANT (E.), *Fondements de la métaphysique des mœurs* (Fondamenti della metafisica dei costumi), Librairie philosophique J. Vrin, Bibliothèque des textes philosophiques, 2015, n. spécial, p. 162: " L'autonomie de la volonté est cette propriété qu'a la volonté d'être à elle-même sa loi".

41 Art. 1134 del vecchio codice civile francese; art. 1103 del codice civile.

42 Art. 395 C.P.C.

43 Art. 750-1 C.P.C. Modificato dall'articolo 1 del decreto n. 2023-357 dell'11 maggio 2023, che istituisce un sistema generalizzato di ingiunzione alle parti di consultare un mediatore.

44 Littéralement «una mano tesa» o un'incitazione: THALER (R.H.), SUSTEIN (C.R.), *Nudge: la méthode douce pour inspirer la bonne décision*, Pocket, 2012.

45 KELSEN (H.), *Théorie pure du droit* (versione francese tradotta da Ch. Eisenmann), Dalloz, 1962, p. 299.

46 Art. 1530, 1531 C.P.C.; art. 1 del codice deontologico dei mediatori "formazione, indipendenza, neutralità, imparzialità, lealtà", online *cours-appel.justice.fr*.

47 Ordinanza n. 58-1270 del 22 dicembre 1958, che istituisce la legge organica sullo statuto della magistratura in Francia.

48 Art. 21 C.P.C.

49 Art. 1511 C.P.C.

50 FIUTAK (T.), PLANÈS (G.), COLIN (Y.), *Le médiateur dans l'arène: réflexion sur l'art de la médiation*, Erès, 2011.

51 MORINEAU (J.), op. cit., p.77 s.

52 Vedi l'ascolto speculare di Carl Rogers (infra).

53 ROGERS (C.), *A way of being*, Houghton Mifflin Harcourt, 1995, menzionato da G. Odier, op. cit., p. 97.

54 ROGERS (C.R.), *The reader*, Houghon Mifflin Harcourt, 1989 trad. di G. Oier in G. Odier, op. cit, spé. p. 65.

55 BALDWIN (M.), «Entretien avec Carl Rogers sur l'utilisation du self en thérapie», *ACP-PR*, n°10, La Queue les Yvelines 2009 menzionato da G. Odier, op. cit., p. 46.

56 ROSENBERG (M.B.), Le parole sono finestre (o sono muri), op. cit., spec. p. 231: spiega che molto spesso "critica, analisi o diagnosi ostacolano il processo di risoluzione pacifica dei conflitti". Al contrario, il metodo da lui sostenuto è contrario a una parola "connotata" di soggettività.

57 CNRTL "violenza", etimologia, in particolare BERTHELOT, *Satires*, p. 325

58 ROSENBERG (M.B.), op. cit., in particolare p. 136.

59 Punto che è il più difficile da percepire in qualcuno perché spesso non ne è consapevole: vedi *infra*.

60 ROSENBERG (M.B), op. cit., p. 229.

61 ROSENBERG (M.B), op. cit. p. 51.

62 LÉRAUD (I.), VAN HOVE (P.), MATHILDA, *Les algues vertes : l'histoire interdite*, Delcourt, 2019.

63 Ciò è quantitativamente misurabile attraverso il test del quoziente d'intelligenza.

64 GARDNER (H.), *Les formes de l'intelligence*, Odile Jacob, Poches, Psychologie, 2022, p. 68.

65 Ibid., p. 76: una nozione che egli spiega come "conoscenza tacita di come compiere un'azione".

66 1 Ibid. p. 85.

67 Per definire queste due intelligenze, l'autore spiega di essersi ispirato alla teoria psicoanalitica di S. Freud incentrata sulla "consapevolezza di sé", che descrive come la chiave per la salute umana.

68 KAHNEMAN (D.), *Système 1, système 2 : les deux vitesses de la pensée*, Essai, Flammarion, 2012.

69 DAMASIO (A.), *L'erreur de Descartes. La raison des émotions*, Odile Jacob, 2006, spé. p. 59-82.

70 DESCARTES (R.), *Discours de la méthode*, Flammarion, 2016, p. 29.

71 GOLEMAN (D.), *Intelligence émotionnelle. Intégrale*, Ed. J'ai lu, 2014.

72 MORINEAU (J.), *L'esprit de la médiation*, Erès, coll. Trajets, 2010 e *La médiation humaniste, un autre regard sur l'avenir*, Erès, coll. Société-Poche, 2016.

73 DAMASIO (A.), *Spinoza avait raison, Joie et tristesse, le cerveau des émotions*, Odile Jacob poches, Sciences, 2003, spé. p. 65 s.

74 Https://apcomm.fr/produit/lexpression-des-besoins/; https://apcomm.fr/produit/le-langage-des-emotions/.

75 Art. 5 codice civile francese: "È vietato ai giudici statuire mediante disposizioni generali e regolamentari sui casi loro sottoposti." Il giudice non può combinare il potere di emanare il diritto e quello di applicarlo, in conformità con il principio della separazione dei poteri strenuamente difeso dai filosofi illuministi e da Jean-Jacques Rousseau.

76 MIDAL (F.), *Suis-je hypersensible ? Enquête sur un pouvoir méconnu*, Flammarion, 2021.

77 1 FOURNIER DE CROUY (N.), *La faute lucrative*, Economica, coll. Rech. Jurid. 2018.

78 L'analisi economica del diritto è un movimento dottrinale derivante dalla Scuola di Chicago che si propone di studiare il modo in cui una norma giuridica guida il comportamento di una categoria d'individui e in che misura raggiunge i suoi obiettivi senza essere deviata, aggirata o ostacolata da questi stessi individui. Tale corrente propone quindi un approccio consequenzialista al diritto, affiliato al realismo giuridico. Per questo motivo alcuni autori hanno paragonato l'analisi economica del diritto a "un prisma attraverso il quale il diritto può essere riformulato". Per ulteriori informazioni: Makaay E., «La règle juridique observée par le prisme de l'économie : une histoire stylisée du mouvement de l'analyse économique du droit», *RIDE*, 1986, p. 43 e ss. Sulla funzione dissuasiva del diritto di fronte a comportamenti non compiacenti: HOLMES O.W. Jr, «The path of the law», in *Harvard Law Review*, 457, 1897.

79 FOURNIER DE CROUY (N.), «L'affaire du Mediator est une faute lucrative», in *Mélanges en l'honneur de Frédéric Stasiak*, Edulor, 2023.

80 CORNU (G.), *«Vocabulaire juridique» Association H. Capitant*, Quadrige, PUF 15e édition.

81 CHAINAIS (C.), FENOUILLET (D.), «Le droit contemporain des sanctions, entre technique et politique», in *Les sanctions en droit contemporain.* Vol. 1: *La sanction, entre technique et politique*, Dalloz, «Mission Droit et Justice», 2012, spéc. n. 13.

82 RICARD (M.), SINGER (T.), *Vers une société altruiste. Entretiens avec le Dalaïi-Lama*, Pocket, Allary Editions, 2015, spé. p. 165: "sanzioni altruistiche" concepite dal pr. Enrst Fehr, direttore del Dipartimento di Economia dell'Università di Zurigo, per convertire un atto egoistico e risolvere i problemi sociali attraverso la creazione di beni comuni.

83 BOURBEAU (L.), *Les cinq blessures qui empêchent d'être soi-même*, Pocket Ed. ETC, 2000.

84 BOURBEAU (L.), *La guérison des cinq blessures*, Pocket, Ed. ETC, 2021.

85 *IXe Assises internationales de la médiation. Célébration des 20 ans du GEMME*, Strasbourg, Consiglio d'Europa, 25 e 26 maggio 2023.

86 CIASE, *Rapport final. Les violences sexuelles dans l'Eglise catholique France 1950-2020*, on-line.

87 LEFRANC (S.), «Réparer le terrorisme», in *Justice ou réparation. Esprit*, mars 2024, n. 507, p.63-74: "Attribuendo una virtù riparatrice all'espressione delle sofferenze delle vittime, il processo per gli attentati del novembre 2015 è stato innegabilmente riparatore".

88 LEFRANC (S), WEILL (S.), «Le procès V13 comme expérimentation judiciaire : entre justices pénale et transformative», *Les cahiers de la justice*, vol. 1, 2023, p. 41-57.

89 LEFRANC (S.), *Comment sortir de la violence ? Enjeux et limites de la justice transitionnelle, Paris*, CNRS Ed., 2022. BLOHORN-BRENNEUR (B.), *Sagesses du monde et médiation. Sources philosophiques*, L'Harmattan, 2022, p. 103 e ss.

90 GARAPON (A.), BELRHALI (H.), «Réparation des victimes de violences sexuelles dans l'Église : le laboratoire de la Commission Reconnaissance et Réparation», *Recueil Dalloz 2023*, p. 654. Https://www.ciase.fr/rapport-final/.

91 CIASE, *Rapport final. Les violences sexuelles dans l'Eglise catholique France 1950-2020*, on-line p. 354 p. 354. Tra le racco-

mandazioni c'è la possibilità per i sacerdoti di cercare supporto: "I sacerdoti dovrebbero essere informati che sono possibili consulenze mediche specialistiche in caso di tendenze pedofile, anche in assenza di un atto concreto".

92 Art. 1240 code civil.

93 Art. 1249 code civil.

94 DINTILHAC (J.-P.), «Rapport du groupe de travail chargé d'élaborer une nomenclature des préjudices corporels», on-line *sante.gouv.fr*. NEYRET (L.) MARTIN (G.-J.) (dir.), *Nomenclature des préjudices environnementaux*, LGDJ, 2012.

95 KNETCH (J.), «La désintégration du préjudice moral», D. 2015, p. 443.

96 LEFRANC (S.), «Réparer le terrorisme», op. cit., spé. p. 69.

97 FOURNIER DE CROUY (N.), «Propos introductifs», in *Intensification de la fonction normative de la responsabilité civile*, Colloque Faculté de Droit (Metz), *Lexbase revue de droit privé*, 11.06 2020, n. 827.

98 DELAHOUSSE (M.), *Le prix de nos larmes*, L'Observatoire, 2022.

99 CIASE, *Rapport final. Les violences sexuelles dans l'Eglise catholique France 1950-2020*, on-line p. 354 p. 354. Si veda anche la nota 91.

100 FOURNIER DE CROUY, «L'affaire du Mediator est une faute lucrative», in *Mélanges en l'honneur de Frédéric Stasiak,* Edulor, 2023.

101 Sui risarcimenti in natura "su misura" stabiliti in casi concreti dai giudici francesi o europei, si veda: N. FOURNIER DE CROUY (N.), DEFFAINS (B.), «La justice économique est-elle dissuasive ?», in *Revue internationale de droit économique*, n. 3/2024.

102 Nel senso di *Âgapé*, amore fraterno, universale.

103 RICOEUR (P.), *Amour et justice*, Essais, Ed. Points, 2008.

104 Per i casi di competenza delle corti d'assise o dei tribunali penali dipartimentali.

# Bibliografia

*Saggi, manuali, opere, tesi*


BECCARIA, *Des délits et des peines*, préface de R. Badinter, Flammarion, 1991

BLOHORN-BRENNEUR (B.), *Sagesses du monde et médiation. Sources philosophiques*, L'Harmattan, 2022.

BLOHORN-BRENNEUR (B.), *Les sources spirituelles de la médiation*, L'Harmattan, 2022.

BOURBEAU (L.), *Les cinq* blessures *qui empêchent d'être soi-même*, Pocket, Éditions, ETC, 2000.

BOURBEAU (L.), *La guérison des cinq blessures*, Pocket, Éditions ETC, 2021

CARBONNIER (J.), *Droit civil- Les biens, Les obligations,* vol. 2, PUF, 2004.

CHAINAIS (C.), FENOUILLET (D.), *Les sanctions en droit contemporain*, vol. 1: *La sanction, entre technique et politique*, Dalloz, 2012.

DAMASIO (A.), *Spinoza avait raison, Joie et tristesse, le cerveau des émotions*, Odile Jacob, 2003.

DESCARTES (R.), *Discours de la méthode*, GF Flammarion, 2016.

DELAHOUSSE (M.), *Le prix de nos larmes*, L'Observatoire, 2022.

FASSIN (D.), *Punir: une passion contemporaine*, Essais, Seuil, 2020.

FIUTAK (T.), PLANÈS (G.), COLIN (Y.), *Le médiateur dans l'arène: réflexion sur l'art de la médiation*, Erès, 2011.

FONTAINE (Ph.), *La justice*, Ellipses, 2018.

FOUCAULT (M.), *Surveiller et punir*, Gallimard, 1975.

GARDNER (H.), *Les formes de l'intelligence*, Odile Jacob, 2022.

GOLEMAN (D.), *L'intelligence émotionnelle. Intégrale*, J'ai lu, 2014.

KAHN (A.), *L'éthique dans tous ses états, Dialogue avec Denis Lafay*, Éditions de l'aube, 2019.

KAHNEMAN (D.), *Système 1. Système 2. Les deux vitesses de la pensée*, Flammarion, 2012.

KAHNEMAN (D.), SIBONY (O.), SUNSTEIN (CASS. R.), *Noise: pourquoi nous faisons des erreurs de jugement et comment les éviter,* Odile Jacob, 2021.

KELSEN (H.), *Théorie pure du droit*, Dalloz, coll. «Philosophie et droit», 1962. LEFRANC (S.), *Comment sortir de la violence? Enjeux et limites de la justice transitionnelle*, CNRS Éd., 2022.

LÉRAUD (I.), VAN HOVE (P.), MATHILDA, *Les algues vertes: l'histoire interdite*, Delcourt, 2019.

MALAURIE, (Ph.), *L'ordre public et le contrat,* Thèse, Paris, 1953.

MIDAL (F.), *Suis-je hypersensible? Enquête sur un pouvoir méconnu*, Flammarion, 2021.

MORINEAU (J.), *L'esprit de la médiation,* Érès, 2010.

MORINEAU (J.), *La médiation humaniste : un autre regard sur l'avenir*, Érès, 2016.

ODIER (G.), *Carl Rogers. Être vraiment soi-même*, Eyrolles, 2012.

PORTALIS, *Discours préliminaire au premier projet de code civil*, Confluences, 1999.

RICARD (M.), SINGER (T.), *Vers une société altruiste: entretiens avec le Dalai-Lama*, Alary Editions, 2015.

RICŒUR (P.), *Amour et justice*, Éditions Points, 2008.

RICŒUR (P.), *Le juste*, Éditions Esprit, 2001.

RICŒUR (P.), *Le juste, la justice et son échec*, L'Herne, 2015.

ROGERS (C.), *L'approche centrée sur la personne*, Ambre éditions 2018.

ROSENBERG (M.B.), *Les mots sont des fenêtres (ou bien ce sont des murs)*, La Découverte, 2016.

SALAS (D.), CARSTOIU ( A.), *La justice*, Éditions Le Cavalier Bleu, 2008.

SERRA (D.), *Économie comportementale*, Economica, 2017.

*Articoli*

FOURNIER DE CROUY (N.), «Intensification de la fonction normative de la responsabilité civile, Propos introductifs», *Lexbase. Revue de droit privé*, 11.06 2020, n. 827.

FOURNIER DE CROUY, «L'affaire du Mediator est une faute lucrative», in *Mélanges en l'honneur de Frédéric Stasiak*, Edulor, 2023.

FOURNIER DE CROUY (N.), DEFFAINS (B.), «La justice économique est-elle dissuasive?», in *Revue internationale de droit économique*, n. 3/2024.
GARAPON (A.), BELRHALI (H.), «Réparation des victimes de violences sexuelles dans l'Église: le laboratoire de la Commission Reconnaissance et Réparation», *Recueil Dalloz* 2023 p. 654.
LEFRANC (S.), «Réparer le terrorisme», *in Justice ou réparation*, Esprit, mars 2024, n. 507, p.63-74 LEFRANC (S), WEILL (S.), «Le procès V13 comme expérimentation judiciaire: entre justices pénale et transformative», *Les cahiers de la justice*, vol. 1, 2023, p. 41-57.
KNETCH (J.), «La désintégration du préjudice moral», D. 2015, p. 443.
TVERSKY (A.) & KAHNEMAN (D.), «Judgment Under Uncertainty: Heuristics and Biases», *Science,* 185: 112-131 (1974).
JESTAZ (P.), «La sanction ou l'inconnue du droit», D. 1986, p. 197-204.

*Varie*

*«Une écoute bipartiale» un entretien avec Jeanne Herry: émission C à vous* / France-5 /24/03/2023.
Film intitolato *Je verrai toujours vos visages,* diretto da Jeanne Herry, 2023.
Https://www.ciase.fr/rapport-final/.

*coll. «LOGICHE CULTURALI E DIRITTI»:*

LA PROSPETTIVA DI GENERE APPLICATA
AL CONTESTO MILITARE. (ITALIA, UE, ONU, NATO)
*C. Riciputi*

I POPOLI AUTOCTONI DEL QUÉBEC.
Fra diplomazia, militanza e riconciliazione
*R. Côté*

PERCORSI SOCIO-GIURIDICI E DIRITTI UNIVERSALI
*F.M. Barlassina*

SOCIOLOGIA E ANTROPOLOGIA GIURIDICA. Percorsi paralleli
*B.M. Bilotta, F.M. Barlassina (a cura)*

DIRITTI FONDAMENTALI E GIOVANI IN AFRICA. Una ricerca tra mito
e riformismo condotta nel Liceo di Bandiagara e nel Pays Dogon (Mali)
*M. Monteleone*

ÉDUCATION SCOLAIRE, DROITS HUMAINS, LAÏCITÉ:
QUELLE PLACE POUR LA JEUNESSE EN AFRIQUE DE L'OUEST?
Analyses socio-anthropologiques à partir du cas du Mali
*E. Pelizzari (sous la dir.)*

THE HYPERCITIZEN WORLD GAME. Writings on the emerging global order
*A. Pitasi (in collaboration with N. Brasil Dib, E. Ferone, S. Petroccia)*

RICOSTRUIRE L'EFFICACIA GIURIDICA. Per un modello d'analisi multivariata
*E. Damiani di Vergada Franzetti*

IL DIRITTO DI FAMIGLIA IN SENEGAL. Origini ed evoluzione
*F.M. Barlassina*

IDENTITÀ E ALTERITÀ SOCIALE. Tra sociologia e antropologia del diritto
*B.M. Bilotta, F.M. Barlassina*

EXPÉRIENCES JURIDIQUES SUR LES DROITS HUMAINS
*M.A. Quiroz Vitale, B.S.M.T. Diringbin (sous la dir.)*

LA COOPERAZIONE DI POLIZIA E GIUDIZIARIA
IN MATERIA PENALE NEL SISTEMA DELL'UNIONE EUROPEA
*S. Maranella*

LA VERITÀ È ALTROVE. Complotti e stregoneria
*J.P. Dozon*

DOSSIER « ÉCOLES CORANIQUES INFORMELLES ET PRATIQUES
SACRIFICIELLES » AU MALI. De l'anthropologie aux droits
de l'homme (témoignage d'un rescapé)
*M. Monteleone (sous la dir.)*

## Structures éditoriales du groupe L'Harmattan


**L'Harmattan Italie**
Via degli Artisti, 15
10124 Torino
harmattan.italia@gmail.com

**L'Harmattan Hongrie**
Kossuth l. u. 14-16.
1053 Budapest
harmattan@harmattan.hu

---

**L'Harmattan Sénégal**
10 VDN SICAP AMITIE 3
BP 45034 Dakar-Fann
direction@senharmattan.com

**L'Harmattan Cameroun**
Tsinga/Derrière polyclinique FECAFOOT
BP 11486 Yaoundé
Jacques.koukam@harmattan.fr

**L'Harmattan Burkina Faso**
Villa 281, secteur 23 623, rue 14.32
Ouagadougou
zagbie@outlook.fr

**L'Harmattan Guinée**
Almamya, rue KA 028 OKB Agency
BP 3470 Conakry
harmattanguinee@yahoo.fr

**L'Harmattan RDC**
185, avenue Nyangwe
Commune de Lingwala – Kinshasa
matangilamusadila@yahoo.fr

**L'Harmattan Congo**
219, avenue Nelson Mandela
BP 2874 Brazzaville
deunovmikhael@gmail.com

**L'Harmattan Mali**
Immeuble Mgr Jean Marie Cissé
Aci Hamadallaye
BP 145 Bamako
syllaka@yahoo.fr

**L'Harmattan Togo**
Djidjole – Maison Amela
face EPP BATOME
02 BP 20680 Lomé
didieramela11@gmail.com

**L'Harmattan Côte d'Ivoire**
Résidence Karl – Cité des Arts
Abidjan-Cocody
03 BP 1588 Abidjan
harmattan.ivoire@gmail.com

**L'Harmattan Bénin**
Rue 604, (Immeuble à l'entrée
de la rue UCAO- Cite de Saint-Jean)
Cotonou
stepcorpus@gmail.com


---

## Nos librairies en France


**Librairie internationale**
16, rue des Écoles
75005 Paris
librairie.internationale@harmattan.fr
01 40 46 79 11
www.librairieharmattan.com

**Librairie des savoirs**
21, rue des Écoles
75005 Paris
librairie.sh@harmattan.fr
01 46 34 13 71
www.librairieharmattansh.com